复杂环境下高速铁路长大明挖隧道建造技术创新实践

杨 斌 宋向荣 杨 钊 编著

人民交通出版社股份有限公司

北京

内 容 提 要

本书针对长大明挖隧道特点,从隧道防水创新、隧道变形控制新技术、数字化创新和智能化创新与实践、绿色施工技术等方面阐述了长大明挖隧道的建造新技术与创新实践。主要内容分为7章,分别为概论、大断面明挖隧道防水技术创新与实践、高速铁路深埋长大明挖隧道沉降控制技术创新、长大明挖隧道数字化技术创新、智能建造技术、绿色施工技术创新、未来展望。

本书可供从事隧道工程施工的工程技术人员学习参考。

图书在版编目(CIP)数据

复杂环境下高速铁路长大明挖隧道建造技术创新实践/杨斌,宋向荣,杨钊编著. —北京:人民交通出版社股份有限公司,2020.12

ISBN 978-7-114-16648-8

Ⅰ.①复… Ⅱ.①杨… ②宋… ③杨… Ⅲ.①高速铁路—隧道施工—明挖法施工—研究 Ⅳ.①U459.1

中国版本图书馆 CIP 数据核字(2020)第 105955 号

Fuza Huanjing xia Gaosu Tielu Changda Mingwa Suidao Jianzao Jishu Chuangxin Shijian

书　　名:	复杂环境下高速铁路长大明挖隧道建造技术创新实践
著 作 者:	杨　斌　宋向荣　杨　钊
责任编辑:	刘　倩
责任校对:	孙国靖　宋佳时
责任印制:	刘高彤
出版发行:	人民交通出版社股份有限公司
地　　址:	(100011)北京市朝阳区安定门外外馆斜街3号
网　　址:	http://www.ccpcl.com.cn
销售电话:	(010)59757973
总 经 销:	人民交通出版社股份有限公司发行部
经　　销:	各地新华书店
印　　刷:	北京印匠彩色印刷有限公司
开　　本:	720×960　1/16
印　　张:	14.25
字　　数:	264千
版　　次:	2020年12月　第1版
印　　次:	2020年12月　第1次印刷
书　　号:	ISBN 978-7-114-16648-8
定　　价:	118.00元

(有印刷、装订质量问题的图书由本公司负责调换)

前言

  随着我国隧道及地下工程建设事业的发展，隧道建造技术水平有了显著提升，表现在项目规划、勘测设计、施工建造和运营管理等各个方面。同时，由于城镇化建设和城际高速铁路发展需要，大断面明挖隧道的建设需求也日趋强烈，特别是在复杂环境下高速铁路长大明挖隧道的建造过程中，需要从结构、工艺和管理等方面进行系统的智能建造和绿色环保创新实践。

  京雄城际铁路项目秉承"精品工程、智能工程、绿色工程、安全工程"的建设理念，遵循"安全、高质、适用、经济、耐久、环保"的建设原则，实现了复杂环境下大断面明挖隧道建设的数字化、信息化和智能化深度融合，从设计到建设阶段全面打造数字孪生模型，实现了信息的共享和互联，特别是在隧道防排水和沉降控制方面，做到了"滴水不漏"，并提出了精细化的沉降控制方法。同时，强化绿色环保材料循环利用等新技术应用，彰显绿色生态的创新理念，实现建设与自然的和谐统一。

  本书结合京雄城际铁路项目的实践，全面阐述了长大明挖隧道线形控制创新技术、设计与施工数字化创新技术、智能化施工技术和绿色施工技术、明挖隧道工程防水新结构与新材料的应用等内容，从结构工艺创新、智能化应用、绿色施工等方面总结创新实践成果，形成理论与实践的浓缩与升华。全书共分七章，京雄城际铁路建设管理团队组织具体编写工作，由国铁集团杨斌和中交二航局宋向荣、杨钊任主编。具体分工如下：第一章由宋向荣编写，第二章由杨斌编写，第三章由杨钊、罗会武编写，第四章由宋向荣、赵璐编写，第五章由杨斌、田唯编写，第六章由宋向荣、吴晓龙编写，第七章由杨斌编写。全书由武汉理工大学胡志坚负责审查统稿，武汉理工大学李月光、王小敏和中交二航局刘卫也参加了稿件整理工作。在成书的过程中，编者参考了多位专家、学者的论著，在此一并表示衷心的感谢！

  对于本书在体系、内容上的不妥之处，敬请读者批评指正！

编 者

2020 年 5 月

目录

第1章 概论 ·· 1
  1.1 工程特点 ·· 1
  1.2 高速铁路深埋长大明挖隧道国内外研究情况 ······················ 5
  1.3 创新思路 ·· 10

第2章 大断面明挖隧道防水技术创新与实践 ·························· 12
  2.1 概述 ··· 12
  2.2 明挖隧道渗水问题分析 ··· 15
  2.3 大断面明挖隧道防水设计 ··· 19
  2.4 明挖隧道防水施工 ··· 26
  2.5 防水系统施工控制要点 ··· 46
  2.6 特殊地段的防水设计与施工 ··· 61

第3章 高速铁路深埋长大明挖隧道沉降控制技术创新 ·········· 63
  3.1 概述 ··· 63
  3.2 明挖隧道沉降变形分析方法 ··· 64
  3.3 明挖隧道沉降控制措施 ··· 92

第4章 长大明挖隧道数字化技术创新 ······································· 104
  4.1 隧道智能化信息管理平台 ··· 104
  4.2 BIM 技术在明挖隧道中的应用 ·· 117

第5章 智能建造技术 ·· 137
  5.1 移动式智能工厂 ··· 137
  5.2 长大基坑信息化监测技术 ··· 163
  5.3 无人机技术应用 ··· 178

第 6 章　绿色施工技术创新 ·· 186
　6.1　装配式可回收土钉墙边坡防护 ·· 186
　6.2　环保型拌和站建设 ·· 193
　6.3　明挖隧道临时弃土水土流失防治 ······································ 204

第 7 章　未来展望 ·· 215
　7.1　超大型明挖隧道集成与创新 ·· 215
　7.2　智慧建造平台 ·· 217

参考文献 ·· 220

第1章 概　　论

近年来，随着我国隧道及地下工程建设事业的快速发展，隧道修建技术水平有了明显提高，表现在项目规划、勘测设计、施工建造和运营管理等各个方面。同时，由于城镇化建设和城际高速铁路发展需要，长里程、大断面明挖隧道的建设需求也日趋强烈。特别是在复杂环境下高速铁路长大明挖隧道的建造过程中，由于需要解决技术和协调等多方面面临的挑战，必须从结构、工艺和管理等方面进行创新实践。本章结合京雄城际铁路机场2号隧道的工程特点和国内外高速铁路深埋长大明挖隧道技术研究现状，介绍机场2号隧道项目建设过程中的主要创新实践。

1.1　工程特点

1.1.1　工程概况

京雄城际铁路是促进京津冀协同发展和支撑建设雄安国家级新区的首个重大交通基础设施工程，是连接首都和雄安新区的重要快速通道，政治站位高、意义重大，是承载千年大计运输任务，支撑和引领国家战略的重要干线。

京雄城际铁路的设计速度为350km/h，线路起自既有京九线李营站，向南经北京大兴区、大兴国际机场，河北省廊坊市广阳区、固安县、永清县和霸州市，终点为雄安新区雄安站，线路全长92.783km。全线共设5座车站，分别为北京大兴站、大兴机场站、固安东站、霸州北站、雄安站；另外，设动车所1座。

机场2号隧道北接北京新机场地下站，南穿永定河南大堤后露出地面，起讫里程为DK44+911.349～DK53+300，全长8338.651m。沿线分别经过河北省廊坊市广阳区、北京市大兴区及廊坊市固安县，其中本合同段范围内机场2号隧道距离北京市大兴区4375m，廊坊市广阳区1413m，固安县1420m。隧道设计为单洞双线隧道，线间距5m，洞门采用柱式洞门。隧道区地层主要为粉土、粉砂等。

隧道线路穿越天堂河、永定河两条河流。下穿永定河段(DK50+980～

DK52+802),在河道管理范围内长度为1822m(沿机场2号隧道线路方向量测),与永定河中心线交叉角度75°,与永定河北大堤交叉角度为71°,与永定河南大堤交叉角度为64°。隧道穿越北大堤段堤基下隧道洞顶最小埋深11.47m,穿越河槽段隧道洞顶埋深11.47~13.77m,穿越南大堤段堤基下隧道洞顶最小埋深8.94m。

机场2号隧道采用明挖顺作法施工,根据基坑支护形式的不同分为放坡开挖、放坡开挖与钻孔灌注桩组合的形式。

京雄城际铁路线路平面示意图如图1-1所示。

图1-1 京雄城际铁路线路平面示意图

1.1.2 工程重难点

(1)大断面

机场2号隧道下穿永定河段采用大放坡+双排围护桩的支护方案,冠梁顶高程设置15m宽平台,采用多级放坡方式,坡率1:1.25,单坡最大高度为8m,坡间设置3m平台,上部土体采用喷混凝土+钢筋网+土钉防护,坡率1:1.25,放坡平台采用喷混凝土+钢筋网硬化处理。两排桩布置方式相同,均为$\phi1000mm@1200mm$,排间净距为2.5m,桩顶布置板梁,最大开挖断面积达1200m^2。

京雄城际铁路机场2号隧道典型断面如图1-2所示。

(2)深埋

机场2号隧道为本合同段重点及控制性工程,隧道北接北京大兴国际机场地下站,向南下穿天堂河、永定河后出地面与路基相接,为单洞双线隧道,线间距5m,基坑开挖最大深度32.3m,最大埋深18.23m,见图1-3。

第1章 概 论

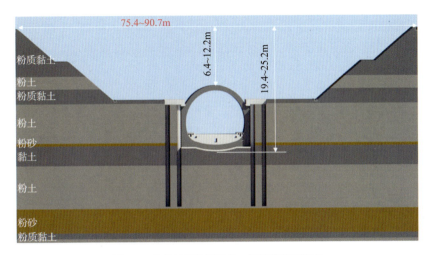

图 1-2 京雄城际铁路机场 2 号隧道典型断面

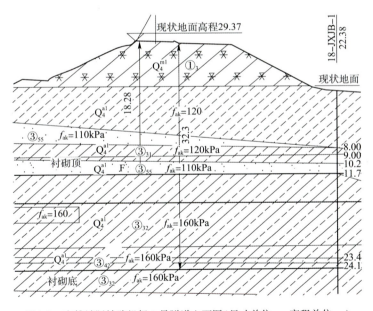

图 1-3 京雄城际铁路机场 2 号隧道立面图(尺寸单位:m,高程单位:m)

(3)地下水作用复杂

沿线地下水为第四系孔隙潜水,局部具微承压性,其中砂类土层中水含量丰富。沿线地下水水位埋深 6.0~14.40m(高程 6.31~16.01m)。隧道下穿永定河段,地下水位在拱顶以上 4~5m,隧道洞身砂层含水量丰富,隧道防水质量对隧道的运营安全具有决定性的影响。隧道断面尺寸大,浮力作用影响大,浮力的波动可以导致明挖暗埋隧道沉降量超过运营容许沉降量。隧道里程长,跨越的地层组合复杂,浮力作用差别剧烈,特长大断面明挖浅埋高铁隧道在弱透水土 – 粉砂互层沉降控制难度大。

(4) 地质条件差

隧道沿线地质从上到下依次为粉土、粉砂、粉质黏土互层,土质松软。基坑最深达 32.3m,易失稳、坍塌。部分段落地下水位位于明挖基坑坑底以上,基坑地层以粉质黏土、粉土、细砂为主,地层含水量不均匀,基坑容易渗漏水,影响基坑正常开挖施工,危及基坑稳定性;渗漏水严重时,基坑容易发生涌水等风险事故;部分段落基坑侧壁存在粉砂地层,地层自稳性差,基坑开挖过程中桩间砂层出现流砂现象,进而危及基坑安全。

京雄城际铁路机场 2 号隧道地层断面如图 1-4 所示。

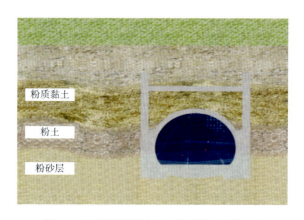

图 1-4 京雄城际铁路机场 2 号隧道地层断面图

(5) 沉降漏斗区沉降

本线经过华北平原地面沉降区域,途径北京大兴区区域地下水下降漏斗的影响范围,隧道场区位于大兴礼贤—榆垡沉降漏斗附近。截至 2016 年底,线路穿越地区累积沉降量 300～700mm,沉降速率 <65mm/年。地面沉降目前处于快速发展时期,在未来一段时期内,沉降面积和沉降速率有进一步加大的趋势。

从图 1-5 可以看出,线位 DK51～DK53 段落穿过该沉降区域,线位经过处的沉降速率为 30～45mm/年。通过插值得到的线位经过处最大沉降速率位于 DK52 + 200 处。其沉降特征在 2014.11—2017.05 时间段内表现为线性沉降,在监测时间段内,沉降没有减缓的趋势。

第1章 概 论

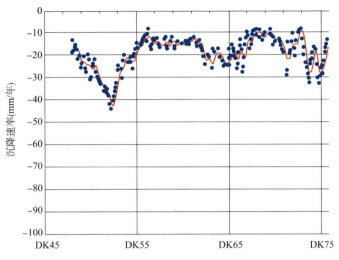

图 1-5 京雄城际铁路 DK48～DK75 沉降速率纵断面

1.2 高速铁路深埋长大明挖隧道国内外研究情况

跨入 21 世纪以来,随着我国经济的高速发展和城市化水平的大幅度提高,由此带来的"城市综合症"也日益严重。"城市综合症"主要包括城市人口膨胀、建筑空间狭小、城市绿化减少、环境污染、交通阻塞等。其中交通阻塞已成为我国许多大城市的突出问题。由于城市隧道具有以下几个方面优点:①因城市隧道建于地面以下,可以有效减少行驶车辆对地面环境的噪声影响;②由于城市隧道的行驶路线不与其他道路平面交叉,受到的交通干扰较少,可以有效提高通车效率;③城市隧道一般都是直行的封闭路段,受自然气候的影响较小;④相比城市高架桥,城市隧道对城市景观破坏作用小,从而有助于改善城市的外观形象。所以要解决城市交通阻塞的问题,以促进城市的可持续发展,修建各类城市隧道是一条非常有效的解决这类问题的途径,修建城市隧道正越来越受到重视。

我国是一个修建隧道的大国,在修建数量、建设里程、建造技术上都有重大的突破,但是我国却不是一个隧道建设理论强国、管理大国,理论远远落后于工程建设,管理水平仍然不是很高,这也是我们应该思考的问题。目前,隧道的开挖方法有 3 种:明挖、暗挖、浅埋暗挖[1]。明挖隧道是指先将隧道部位的岩(土)体全部挖除,然后修建洞身、洞门,再进行回填而修建的隧道。明挖法作为一种常见的施工方法,工序简单,施工质量容易控制。明挖施工主要工序为基坑开挖、隧道基坑支护、隧道主体施工、防水施工、回填等。在复杂的地质条件下,掘进不稳定,地层埋深很浅,难以形成稳定的土压力,但明挖法具有其他方法不可取代的优点。此外,明挖法的工程造价比暗挖法和浅埋暗挖法要低。明挖法包括盖挖顺作法、盖挖逆作法等。

明挖隧道施工中有两点需要重点考虑,关系到隧道周边环境和施工安全,分别是明挖隧道的防水技术、线性控制技术。在复杂地质环境中进行明挖隧道工程的施工,势必要对周边一定范围内的原有建筑物、构筑物及道路等工程设施产生影响,隧道结构的施工也只有在基坑稳定和支护结构安全可靠下方能完成,因此保证隧道基坑防水及线性控制是明挖隧道的主要任务之一。另外,数字化技术、智能建造监控技术及绿色施工技术在现代城市建设中的重要性越来越大,因此在进行明挖隧道施工时,这三者也是需要重点考虑的。

(1) 明挖隧道防水

隧道渗漏水是一个普遍存在的现象且危害非常大。在隧道与地下工程发展初期,人们并不是特别重视隧道与地下工程防水问题;随着隧道与地下工程使用要求的不断提高,防水问题便开始逐渐被人们所重视。隧道与地下工程的防水也从以往的单一防水朝着复合式防水、综合防水方面发展。如日本早在 20 世纪就研制发明了喷膜防水技术,并率先将化学注浆技术运用于隧道及地下工程的防水和渗漏水治理方面。近年来,随着材料、机械、注浆等技术的不断发展,隧道与地下工程防水技术也取得了长足的进步,如分区防水技术、注浆防水技术的实践与运用。近年来,我国在隧道与地下工程领域的发展是非常快速的,对防水标准与要求也变得更加严格。在我国《地下工程防水技术规范》(GB 50108—2008)中将地下工程防水标准分为四个防水等级,具体见表1-1。

地下工程防水标准　　　　　　　　　表 1-1

防水等级	防水标准
一级	不允许渗水,结构表面无湿渍
二级	不允许渗水,结构表面可有少量湿渍; 工业与民用建筑:总湿渍面积不应大于总防水面积(包括顶板、墙面、地面)的 1/1000;任意 100m² 防水面积上的湿渍不超过 2 处,单个湿渍的最大面积不应大于 0.1m²
三级	有少量漏水点,不得有线流和漏泥砂; 任意防水面积上的漏水或湿渍点数不超过 7 处,单个漏水点的最大漏水量不大于 2.5L/d,单个湿渍的最大面积不大于 0.3m²
四级	有漏水点,不得有线流和漏泥砂; 整个工程平均漏水量不大于 2L/(m²·d),任意面积上的平均漏水量不大于 4L/(m²·d)

第1章 概 论

然而,事实上我国目前所常用的防水措施与防水方法,很难达到上述防水标准与要求,而且隧道与地下工程渗漏水问题一直以来都是一个非常大的难题。据不完全统计,在我国铁路隧道中,已开通运营线隧道约16084座,其中出现渗漏水的隧道共有1949座,占隧道总数的12.1%。上海、南宁、广州、成都、昆明、武汉等8个南方地区铁路局管辖内漏水隧道共1524座,占漏水隧道总数的78.2%;哈尔滨、沈阳、北京、青藏公司等10个北方地区铁路局管辖内漏水隧道共425座,占漏水隧道总数的21.8%;公路隧道中,有占总隧道数近30%的隧道出现了严重渗漏水现象。在国外,日本作为隧道防水领域较发达国家,在对隧道渗漏水情况调查时发现渗漏水也达到38.2%以上。特别是在富水条件下,隧道防水问题变得更为复杂和困难。

目前大部分隧道结构防水功能失效的原因主要有以下3点:一是防水板未能和初期支护紧密贴合,不能满足阻绝防水板背后窜水的要求;二是隧道初期支护表面有空洞或不平整现象,导致隧道防水板易出现撕裂破损问题,最终导致隧道防水系统失效;三是隧道防水板间的搭接部位处理不当,防水板搭接部位是整个隧道防水系统的薄弱环节,搭接处存在空洞或缝隙都将导致隧道防水系统的失效。有学者通过数值模拟方法、室内试验以及现场试验,分析研究丙烯酸盐喷膜防水技术在铁路隧道中的适应性,发现丙烯酸盐喷膜膜层厚度为3mm条件下,防水土工布规格为230g/m²以上时即可满足隧道防水要求,并发现丙烯酸盐防水膜使用寿命与地下水环境pH值呈负相关性。隧道防水系统设计中,采用"注浆+排导"防水可有效降低防水系统止水压力,全封堵型防水系统应该慎用。在围岩条件良好,岩石致密且无裂隙环境下,方可使用全封堵型防水系统。通过防水材料常规热老化试验研究隧道高分子防水材料耐久性能及老化规律,发现隧道改性沥青防水卷材与高分子防水卷材相比,高分子防水卷材抗老化性能更优,且高分子防水卷材延伸率、强度值、低吸水性、重量等指标全面占优。

(2)明挖隧道线形控制

与一般的暗挖隧道相比,明挖隧道设计跨度大、结构受力特征复杂,目前可供借鉴的施工经验和科研成果不多。明挖隧道作为地下立交道路,在施工时分为主道基坑和匝道基坑,其中主道基坑与建筑基坑施工原理基本一致,主道基坑和匝道基坑结合时与"坑中坑"基坑施工原理类似。

现有研究针对明挖隧道建筑过程中混凝土施工裂缝的发生原因以及应对措施,讲述阐述了明挖隧道的混凝土施工裂缝特点、发生原因以及应对方法等,对明挖隧道混凝土施工裂缝控制做了相应的研究以及详细的分析。同时以明挖隧道深基坑的组合支撑轴力、地表沉降、墙体水平位移、水土压力等施工监测数据为依据,探讨了组合支撑轴力、地表沉降、墙体水平位移等的变化规律。分析监测数据表明;基坑的水位变化随开挖时间的渐变过程经拟合后近似二次抛物线形;周边建筑物沉降随开挖时间的递增而增大,增长速度前期慢后期快,最终趋于稳定。"坑中坑"基坑内、外地下连续墙之间的影响不可忽视。对"坑中坑"内、外均采用地下连续墙的情况下,可以以弹性支点法联合求解模型进行地下连续墙变形内力计算。在工程实践方面,天津嘉海1、2期基坑工程通过模型试验分析了在内、外地下连续墙间的水平距离和桩长因素影响下的破坏模式,同时采取了内、外地下连续墙的支护形式,变形控制效果良好。

(3)明挖隧道施工数字化

数字化隧道工程综合信息数据库不仅要把已有的各种地质平面图、地质剖面等转为数字地图的形式,存入计算机,而且要在该数据的基础上建立地层、构筑物和施工信息。为了便于在二次开发中对各种地质信息进行分析和处理,要根据一些特定模式来分解地下空间要素,用来分析、表现和说明从属于地表和地下的不同种类的事物,包括地质体、地下构筑物、施工设备、监测设施等。

基于图像处理技术,对岩体结构面信息识别和提取等方面目前已做了大量的实践工作,完成隧道岩体图像的初步统计分析。地下工程数字化就是以数字地层为依托,以信息化手段对地下工程建设过程中的勘察、设计、施工、监测等数据进行集中高效管理,为地下工程的建设、管理、运营、维护与防灾提供信息共享和分析平台,最终实现一个地下工程全生命周期的数字化博物馆。以数字化近景摄影测量系统为基础,采用数字照相技术及图像处理技术在隧道断面测量与洞室变形监测中的应用,可实现隧道断面测量的数字化,改进传统隧道断面的验收工作,降低其外业难度,提高测量精度。在地质编录方面,可通过掌子面图像灰度级校正、二值化处理等,提高图像质量并突出图像特征,利用图像模式识别技术实现结构面特征的提取显示,并完成在超前预报和围岩分类方面的初步应用。通过对比度、亮度、灰度调节、边缘检测、边界提取等手段,增强图像质量,完成结构面信息统计,并且在隧道工程中根据相邻掌子面结构面信息,完成三维模型重建。

(4)明挖隧道智能建造

从20世纪60年代开始,一些发达国家开始了对隧道监控系统的研究。随着计算机技术和自动化控制技术的发展,通过使用总线技术和以太网络,再加上一些智能算法的深入研究及应用,已经将隧道监控系统的设计开发提到了一个新的水平。国外所设计的监控系统一般采用分层分布式网络结构,这取代了传统的集中控制和集散式控制结构。在控制中心的协调下,系统通过场外控制主机的有效调度,实现对隧道设备的控制,最终实现对交通事故、火灾、空气质量恶化等问题的及时有效处理。随着当前隧道规模的不断扩大,隧道监控系统正从单隧道监控向多隧道集群监控的方向发展。

在高速铁路隧道中安装长期智能监控量测系统,可以实时监测或周期性监测隧道衬砌形变、喷射混凝土应力、地下水水位等项目,会对隧道的安全性状况做出评价以及发送预警信号,并对隧道损伤的部位做出诊断。如元江2号隧道通过近一年的智能监测,分析并总结出了衬砌结构荷载的发展与变化规律,并对结构承载力状况进行了诊断。通过建立完善的海底隧道长期监测系统,目前已实现对长期监测数据的远程集中自动化采集,根据监测数据对海底隧道状态进行了安全评估。以实际工程项目为例,利用Revit系列软件实现了隧道的三维可视化,研究了隧道施工虚拟仿真过程,并进行了施工方案比选优化;建立了隧道运维阶段的设备编码规则,建立了运维管理系统的架构及功能模块,实现了隧道设计与施工阶段BIM技术的应用,并利用BIM技术实现隧道衬砌结构方案优化,使验证了BIM在隧道工程领域能够发挥的积极的应用价值。

(5) 明挖隧道绿色施工

绿色施工是可持续发展在施工环节的体现。绿色施工的概念在世界上有不同的提法,与可持续建筑、可持续建造、绿色建筑、清洁生产、环保施工等具有极高的相关度。20世纪30年代,美国建筑师富勒提出"少费多用"原则。20世纪60年代,美国建筑师保罗·索勒瑞提出"生态建筑"的新理念。20世纪70年代,世界石油危机使太阳能、地热、风能等各种建筑节能技术应运而生,开始发展节能建筑,为绿色革命拉开帷幕,成为绿色建筑发展的先导。我国1994年颁布的《中国21世纪议程》正式提出绿色建筑概念,为了更好地引导建筑业的绿色发展,走可持续发展之路,相关部门陆续编制、颁布了一系列规范标准:如2005年10月建设部编制的《绿色建筑技术导则》;2010年11月,国家标准《建筑工程绿色施工评价标准》(GB/T 50640—2010)颁布;2014年4月住房和城乡建设部批准了《绿色建筑评价标准》(GB/T 50378—2014)等。国内虽然在绿色施工相关理论及绿色施工技术方面的研究起步较晚,但近年来发展迅速,目前已取得了一系列研究成果。

工程建设分为施工准备、实施和竣工验收三个阶段,从而形成对绿色施工完整、动态的评价。针对建设工程施工的具体活动,结合我国建筑行业的实际情况,目前已制定了非绿色因素的分析及控制对策,提出了绿色施工的评价体系,并结合实际的工程案例,证明了其实用性。现阶段应根据明挖隧道工程的特点,总结明挖隧道施工中的绿色影响因素,探索绿色施工在大型明挖隧道建造中的具体应用,避免隧道施工大面积、长时间降水,造成建(构)筑物管道发生沉降,防止改变区域地下水的动力流,造成地下水流失,周边水体枯竭,从而污染物进入地下水或周边水体。

1.3 创新思路

隧道及地下工程不再是"单一工程的设计"概念了,任意一项隧道或地下工程的规划与设计必须要结合环境保护、工程风险与造价、运营舒适度以及全生命周期进行系统性的评价。本项目秉承"精品工程、智能工程、绿色工程、安全工程"的建设理念,遵循"安全、适用、经济、耐久、环保"的原则,从结构工艺创新、智能化应用、绿色施工等方面开展创新实践。

(1)隧道工程防水新结构与新材料应用

结构防排水问题历来是所有隧道工程所面临的重大难题,机场2号隧道结构防水采取"以防为主、刚柔结合、多道防线、因地制宜、综合治理"的建造理念和措施,结合"防水与结构并重和统一考虑"的原则,从防水材料、防水结构设计入手,做到"滴水不漏",材料耐火性、耐腐性好,无污染,确保本项目的防水标准达到了较高水平。

(2)长大明挖隧道线形控制技术创新

高速城际铁路设计速度为350km/h,为保证列车的安全、高效、平稳以及舒适性等要求,隧道线形控制非常关键。对于明挖隧道而言,沉降控制又是线形控制的重中之重。京雄城际铁路隧道段由于互层存在,地下水控制难度大,同时由于隧道断面尺寸大、里程长,跨越的地层组合复杂,浮力作用差别明显,在施工期间和运营期间,隧道沉降的预测及控制均是大挑战。为此本项目开展理论和试验研究,建立特长大断面明挖高铁隧道上浮分布式计算模式,首次提出弱透水土–粉砂互层的浮力折减系数,提高高速城际铁路隧道沉降计算、预测与控制水平。

(3)长大明挖隧道设计与施工数字化创新技术

随着大型地下工程建设对信息化管理的需求不断提升,针对复杂地段大断面明挖隧道工程项目建设全过程的工程特点和实际需要,利用数字化技术对获取的全面工程信息和数据进行综合分析判断并及时反馈,是减少隧道建设不确定性和降低风险的主要途径。对于复杂地质条件下大断面深埋明挖隧道工程,综合利用遥测遥感、多点高频物探、地理信息系统(GIS)、全球定位系统(GPS)等技术,构建隧道建造智能化信息平台,不仅提高了勘测效率,也大幅度提高了控制精度的等级。同时引入建筑信息模型(BIM)技术,将空间结构、物料特性、工艺设计、全生命周期管理融于一体,践行了隧道设计和施工的全新理念。

(4)长大明挖隧道施工智能化技术

在互联网、大数据、物联网和人工智能等技术的支持下,有机地将传感器物联网、移动互联网、大数据分析、无人机等技术融为一体,满足大断面明挖隧道的智能化建造需求,构建由移动厂房、智能钢筋台车、智能模板台车、智能养护系统等组成的智能化移动工厂,实现施工过程中信息化监控和运营期全寿命周期监测等。

(5)绿色施工技术

绿色施工应是可持续发展理念在工程施工中全面应用的体现,它不仅是指在工程施工中实施封闭施工,避免尘土飞扬和噪声扰民,在工地四周栽花、种草,实施定时洒水等这些内容,还涉及可持续发展的各方面,如生态与环境保护、资源与能源利用、社会与经济的发展等。本项目在贯彻执行国家、行业和地方相关的技术经济政策的同时,依据因地制宜的原则,实施了多项绿色施工技术,包括装配式可回收土钉墙边坡防护施工技术、环保型混凝土拌和站及明挖隧道临时弃土水土流失防治技术等。

第 2 章　大断面明挖隧道防水技术创新与实践

2.1　概　　述

我国铁路隧道起步较早,20世纪70年代之前的铁路隧道大多采用料石衬砌,不采取任何防水措施,隧道的漏水量完全取决于地下水本身水量的大小及其渗流方式。70年代后,新奥法逐渐引入我国,随之而来的衬砌的裂缝问题比比皆是,隧道的渗漏水状况较之前并未得到多大改善。80年代后,随着电气化机车的广泛使用,对铁路隧道的防水提出了新的要求,铁路隧道的防渗漏问题得到普遍重视。

《地下工程防水技术规范》(GBJ 108—1987)对地下工程的防水提出了"防、排、截、堵相结合,因地制宜,综合治理"的原则。在《地下工程防水技术规范》修订过程中又明确提出"刚柔结合"的防水技术原则,从材料的角度考虑防水工程的需要。我国铁路、城市地铁以及公路等不同的隧道工程,除了遵循总的防水原则外,还根据功能及行业的具体特点,提出了相应的防水要求及防水等级。

《铁路隧道设计规范》(TB 10003—2016)规定:隧道防排水应遵循"防、排、截、堵结合,因地制宜,综合治理"的原则。"防"是指利用注浆加固、防水层和混凝土衬砌防水剂抗渗。"排"是指使衬砌背后空隙及围岩不积水,减少衬砌背后的渗水压力和渗水量。"截"是在地下采取导坑、泄水洞、降水或注浆等措施,将水从地面或隧道一定范围截走,减少地面水流向衬砌周围。"堵"是采用注浆、喷涂、嵌补抹面等方法堵住渗水裂缝、孔隙、空洞,以保证隧道结构物稳定和运营的安全。隧道防排水设计应对地表水、地下水妥善处理,洞内外应形成一个完整通畅的防排水系统,保护好自然环境。当隧道内渗漏水引起地表水减少,影响居民生产、生活用水时,应对围岩采取堵水措施,减少地下水的渗漏。

我国铁路隧道处理地下水的原则是以排为主。"以排为主"主要是从疏水、泄水着手,通过设置导排水系统把渗入隧道的地下水排出,设计时可以不考虑衬砌外的水压力,因而衬砌较薄,工程简单,投资较小。但是隧道排水也带来一系列的负面效应,主要表现为以下几个方面:

(1)由于隧道的排水作用,地下水的渗流通道中的充填物会被水挟带冲走,渗流通道的贯通性越来越好,这又造成衬砌排泄流量不断增大。另外,随着隧道内涌

第2章 大断面明挖隧道防水技术创新与实践

水量的增加,各种相关病害如路面翻浆、衬砌渗漏、排水沟淤塞等将逐年加重。

(2)地下水大量流失将会造成地下水位下降、地表干旱缺少、农作物减产、地面植被破坏,甚至一些耕地因无水弃耕导致沙漠化等生态问题,对自然环境造成极大破坏。

(3)地下水长期由隧道大量排出,致使地下水位降低,伴随着土体的固结过程诱发地面沉降。地下水位下降也使地表水、降水等入渗能力加强,污染物随水入渗进入地下水和土壤,导致水质和土质遭到污染和破坏。

(4)由于隧道排出的地下水不能自由排出隧道,必须采取人工抽水方式排水,运营期经济负担很大。

山岭隧道在设计、施工中往往设置为排水型的。山岭隧道排水措施主要包括在拱墙部位设置环向排水管,在边墙底部设纵向排水管,在边墙底部内侧设排水边沟,在隧底设排水沟。排水型隧道防排水构造标准形式如图 2-1 所示。

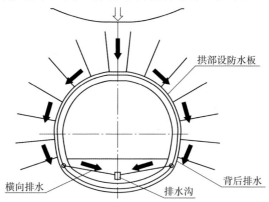

图 2-1 排水型隧道防排水构造标准形式

京雄城际铁路机场 2 号隧道上方区域为北京大兴机场规划飞行区,隧道防水设计通过采取多道防水措施,将地下水阻隔在隧道衬砌结构外部,不会因为排水而造成隧道周边的土地沉降,采用的是全包防水设计。全包防水型隧道防排水构造标准形式如图 2-2 所示。

京雄城际铁路机场 2 号隧道主体工程于 2019 年 9 月 19 日全部完成,共有 3736m 隧道位于地下水位线以下,里程段落为 DK46+746~DK46+887 天堂河段 141m、DK49+050~DK52+645 永定河段 3595m。其中 DK46+746~DK46+887 天堂河段主体结构于 2019 年 7 月 10 日完成,2019 年 9 月土方回填完成,2019 年 7 月底地下水位上升至拱顶高程位置;DK49+050~DK52+645 永定河段主体结构于 2019 年 6 月 15 日完成,2019 年 8 月底土方回填完成(图 2-3),2019 年 7 月中旬地下水位上升至拱顶高程。土方回填完成后,水位至拱顶以上 3~4m。2020 年 5 月,隧道下穿的永定河进行了生态补水(图2-4),隧道上方河流跨度达到200m。经历了地下水回灌、雨季及永定河补水的多种复杂情况下,隧道衬砌防水经历了多重考验,且未发生漏水情况,打造了"滴水不漏"的高铁明挖隧道(图2-5、图2-6)。

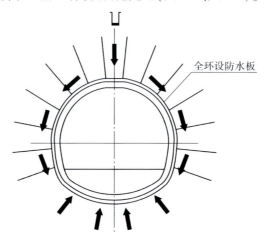

图2-2　全包防水型隧道防排水构造标准形式

图2-3　永定河内隧道完成回填后状态

图2-4　永定河生态补水时水流情况

图2-5　机场2号隧道衬砌内部防水实施效果图

第 2 章　大断面明挖隧道防水技术创新与实践

图 2-6　机场 2 号隧道衬砌变形缝防水实施效果图

2.2　明挖隧道渗水问题分析

从目前国内外已完成的明挖隧道工程来看,主要的渗漏水情况有:结构裂缝渗漏水、混凝土振捣不密实处渗漏水、变形缝及施工缝处渗漏水、围护结构渗漏水导致的内衬结构渗漏水等。产生结构渗漏水的原因、因素比较多,有客观的,有主观的,有设计原因,有施工原因,也有周边环境原因,但大多数的渗漏水产生主要与施工及人为因素有关。也就是说,如果能在施工中严格按规范、设计要求,精心组织施工,采取有效的施工工艺和预防措施,结构渗漏水的情况是能大大减少或消除的。从渗漏水的情况来分析,隧道结构产生渗漏水主要是由于结构的外防水层发生了破损,水从外防水层破损位置侵入隧道主体结构迎水面后,延伸至混凝土结构自防水存在结构裂缝的部位,从而进一步侵入混凝土内部,当混凝土的裂缝或薄弱位置处于贯通状态时,即产生了渗漏水的现象。因此渗漏水产生的原因可从结构外防水施工措施以及混凝土的自防水两个方面进行研究。

2.2.1　隧道结构外防水层

从采用结构外防水的本意来看,无论采用全封闭,还是局部封闭,都是想用防水材料在结构的迎水面形成一个隔水屏障,拒水于结构之外,但是常有不尽如人意

的地方。防水材料在一定水头下一般都有防水作用,但为何在工程中却会失效,除产品质量问题外,大致有以下原因:

(1)防水层施工质量不达标,未在隧道结构外形成全封闭的防水层,存在薄弱点。常见的薄弱点包括:

①防水卷材搭接质量差,自粘卷材在搭接边未充分粘牢或热熔卷材在搭接边存在焊伤、未焊接牢固,见图2-7。

②防水卷材收口不到位,存在密封胶未粘位置,见图2-8。

③钢板止水带搭接位置未满焊或焊伤,常见于转角处钢板,见图2-9。

图2-7　未焊接牢固　　　　　　　　图2-8　防水卷材收口不到位

图2-9　未满焊或焊伤

(2)防水层基面处理不当,导致防水层被破坏或防水层与基面间存在空鼓,常见形式包括:

第 2 章　大断面明挖隧道防水技术创新与实践

①基面突出物未处理,如尖锐石块或钢筋,刺破防水卷材或导致防水涂料在该处不连续,见图 2-10。

②基面凹凸不平,防水卷材铺贴完成后,在卷材与基面间形成空鼓,成为"蓄水池",见图 2-11。

图 2-10　基底突出物未处理　　　　　　　图 2-11　基面凹凸不平

③基面存在起皮、疏松、浮土、浮灰,导致防水层无法与基面固定牢固,防水层会被撕裂或脱落,并在防水层与基面间形成空鼓,见图 2-12。

图 2-12　防水层固定不牢

(3)主体结构施工时,由于保护措施不到位,外防水层被损坏,导致防水层未能全封闭。常见损坏方式包括:

①绑扎钢筋时刺破或烧伤各种橡胶止水带,见图2-13。
②绑扎内衬为钢筋时,刺破或烧伤防水卷材,见图2-14。

图2-13　橡胶止水带损伤　　　　　　　图2-14　烧伤防水卷材

(4)结构变形过大,或裂缝过宽,超过材料的延伸性,以致外防水层断裂。这类问题多见于变形缝处。

(5)结构设计形式导致外防水层的整体性被严重削弱。如复合衬砌之间设锚筋会造成防水层缺损;底板设抗浮锚筋或底板与基坑之间设锚筋,会严重破坏防水层的完整性。

2.2.2　混凝土结构自防水

在明挖隧道此类地下工程中,比外防水层的渗漏水更令人头疼的渗漏部位是混凝土振捣不密实导致的渗漏水,一旦出现渗漏,处理起来范围大,易反复且工程量大,很难根治。在工程实例中发现,一旦混凝土结构的防水层出现了渗漏的情况,则地下水的侵入将对隧道结构产生极大的危害。由于受岩土溶出、气体溶解等多种因素的作用和影响,地下水在形成过程中,均不同程度地存在一些有害化学成分,这些化学成分会对隧道主体结构的混凝土和钢筋产生侵蚀性腐蚀作用,影响隧道主体结构的使用功能及耐久性。地下水中的有害化学成分会与隧道结构混凝土起溶解反应、结晶反应和溶解与结晶复合反应,从而对混凝土结构产生侵蚀性破坏作用;同时,地下水中溶解的 O_2、CO_2、Cl^-、H_2S 及各种金属盐等介质均可能通过混凝土本身的缝隙与混凝土结构中的钢筋、金属构件发生化学反应,使钢筋、金属构件锈蚀,锈蚀后进一步降低混凝土的力学性能。因此在施工中需极力避免发生渗

第 2 章　大断面明挖隧道防水技术创新与实践

漏,以及及时对无法避免的渗漏点进行处理,避免发生地下水侵蚀钢筋混凝土结构的现象。

导致混凝土结构自防水出现渗漏情况的原因是多种多样的,但主要原因可归纳为以下几种情况:

(1)混凝土结构裂缝引发的渗漏水

引发混凝土结构产生裂缝的原因相当复杂,在明挖隧道混凝土结构中,主要的原因是温度变化引发的温差裂缝。因为隧道结构的底板结构厚度一般在85~160cm,内衬墙结构一般在75~130cm,仰拱和二次衬砌外部结构施工后始终处于较低的常温下,而底板面和内衬墙里侧面,在结构施工阶段始终受大气温度的直接影响,热胀冷缩明显,这种温度收缩裂缝在内衬墙主要以竖向形式分布,在底板以横向形式分布。其次,围护结构不稳定变形导致内衬墙产生的竖向裂缝和水平裂缝。这类裂缝比较少,但对结构危害比较大,内衬墙早期混凝土强度低时应特别注意;底板斜裂缝一般是底板不均匀受力所致;内衬墙也会出现斜裂缝,这往往与混凝土施工质量有关。当混凝土布料点间距过大,混凝土分层厚度过厚时,振捣时易形成砂浆斜坡带,造成混凝土结构局部的薄弱,受内、外力作用时,此部位就易开裂;当这些裂缝贯穿时,就产生渗漏水。

(2)混凝土振捣不密实引发的结构渗漏水

混凝土振捣不密实,主要由欠振、漏振和过振引起,纯属施工原因,因为封堵较难,应尽量避免。

从以上的常见渗漏水情况以及导致的原因分析,虽然导致渗漏水的原因有各种各样,但主要还是集中在施工阶段,主要是由施工过程的各种原因导致的。因此,要保证隧道结构的防水效果,主要控制阶段应放在施工实施阶段。

2.3　大断面明挖隧道防水设计

大断面明挖隧道防水结构的设计应遵循"以防为主、刚柔结合、多道防线、因地制宜、综合治理"以及"防水与结构设计并重和统一考虑"的原则。京雄城际铁路机场2号隧道衬砌以结构自身防水为本,以施工缝、变形缝为重点,设置全封闭自粘式防水板,通过自粘式防水板与现浇混凝土的粘结密贴,对结构的阴角、阳角、施工缝、变形缝等处进行加强防水处理,实现无死角的防水封闭,结构表面无湿渍,做到隧道"滴水不漏",从根本上彻底保护地下水资源、生态环境及减小运营期抽排水的费用。隧道防水等级为一级,不允许渗水,结构表面无湿渍。

2.3.1 防水板构造设计

明挖隧道结构设置全封闭分离式防水板(2mm 单面自粘式 ECB 防水板)+无纺布,通过防水板与现浇混凝土的自粘密贴,实现无死角的防水封闭。在结构阴角、阳角、施工缝、变形缝处利用双面自粘式防水板进行加强防水处理。

隧道防水构造如图 2-15~图 2-18 所示。

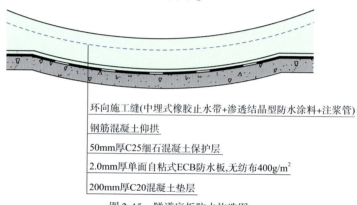

图 2-15　隧道底板防水构造图

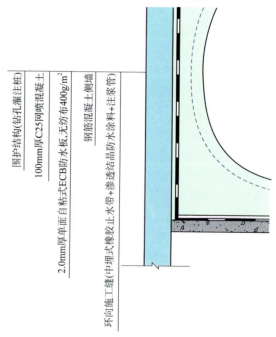

图 2-16　隧道侧墙防水构造图

第 2 章 大断面明挖隧道防水技术创新与实践

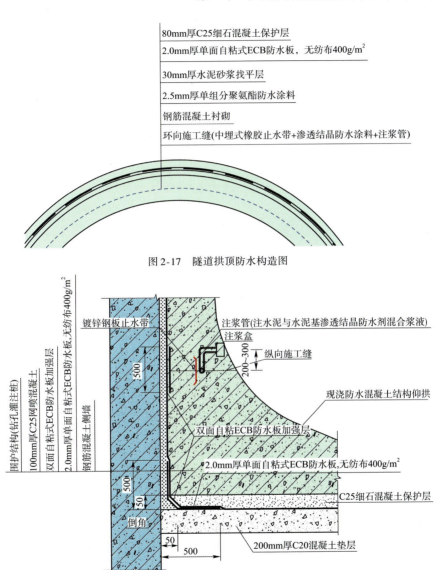

图 2-17 隧道拱顶防水构造图

图 2-18 隧道阴阳角局部加强构造图(尺寸单位:mm)

2.3.2 特殊部位防水设计

1)施工缝防水设计

明挖隧道分段浇筑的混凝土施工缝分为纵向施工缝和环向施工缝两种,纵向施工缝采用镀锌钢板止水带+水泥基渗透结晶型防水涂料+注浆管注浆,环向施工缝采用中埋式钢边橡胶止水带＋水泥基渗透结晶型防水涂料＋注浆管注浆的方法进行加强防水处理。环向施工缝设置间距为9m，全环设置。施工缝防水构造如图2-19～图2-22所示。

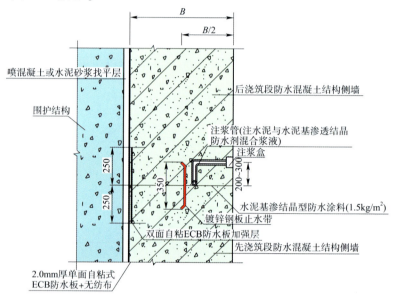

图2-19　侧墙纵向施工缝防水构造(尺寸单位：mm)

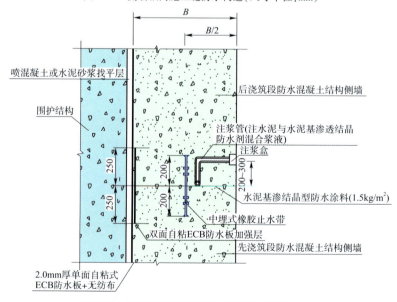

图2-20　侧墙环向施工缝防水构造(尺寸单位：mm)

第2章 大断面明挖隧道防水技术创新与实践

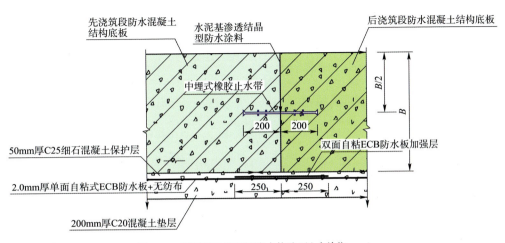

图 2-21　拱顶环向施工缝防水构造(尺寸单位:mm)

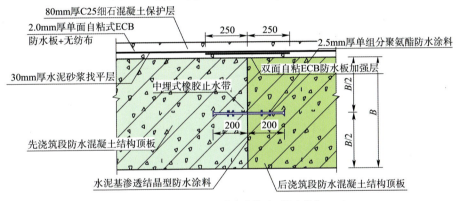

图 2-22　仰拱环向施工缝防水构造(尺寸单位:mm)

2) 变形缝防水设计

变形缝采用复合防水构造的方法,边墙和仰拱部位采用中埋式钢边橡胶止水带+背贴式止水带,拱部采用中埋式钢边橡胶止水带,拱墙与仰拱部位分设独立的引水盲管,分别引入侧沟。变形缝辅以聚乙烯泡沫塑料板、双组分聚硫密封膏填缝。变形缝防水构造如图 2-23～图 2-25 所示。

2.3.3　混凝土结构自防水

对于明挖隧道而言,结构自防水是其主要防水措施。结构自防水即利用混凝土结构本身的抗渗性来达到防水的目的。由于主体结构只有初期支护,不像山岭隧道中具有初期支护和二次衬砌等复杂结构,因此,结构自防水在明挖隧道防水中占有很重要的地位。

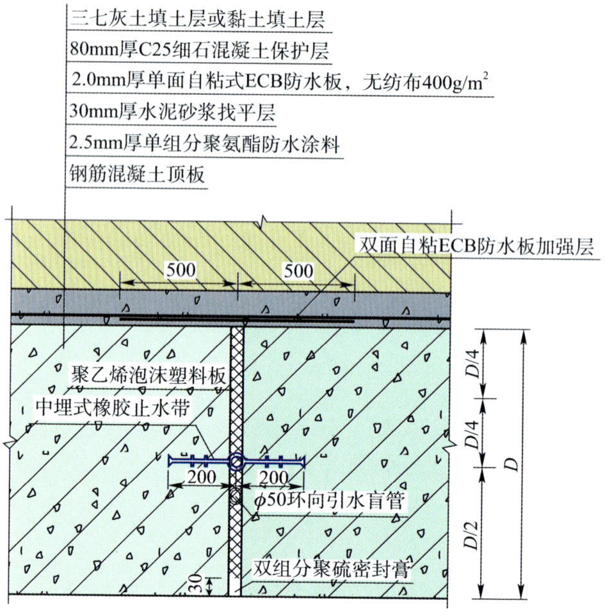

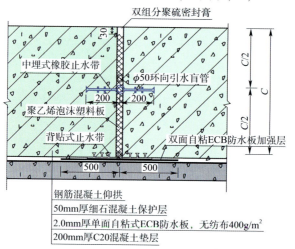

图2-23 拱顶变形缝防水构造(尺寸单位:mm)

图2-24 仰拱变形缝防水构造(尺寸单位:mm)

(1)混凝土结构自防水的一般规定

①主体结构的抗渗等级不低于P10,下穿河流和侵蚀性地下水段抗渗等级不低于P12;

②防水混凝土的环境温度,不得高于80℃;

第2章 大断面明挖隧道防水技术创新与实践

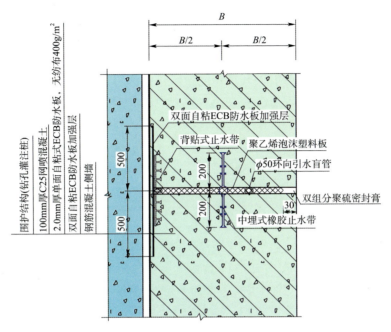

图 2-25 侧墙变形缝防水构造(尺寸单位:mm)

③防水混凝土结构底板垫层,强度等级为 C20;

④隧道主体结构钢筋混凝土的裂缝宽度,外侧不大于 0.2mm,内侧不大于 0.2mm;

⑤钢筋混凝土结构钢筋的混凝土保护层厚度不小于 50mm。

(2)耐久性要求及抗腐蚀性措施

①防水混凝土抗氯离子侵入性指标:对于 L1 类环境,电通量指标(56d) < 1200C,氯离子扩散系数(56d 期龄)DRCM $\leqslant 7 \times 10^{-12} m^2/s$。

②防水混凝土抗盐类结晶破坏指标:对于 Y1 类环境,抗硫酸盐结晶破坏等级(56d)$\geqslant$ KS90。

③防水混凝土各类材料的总碱量(Na_2O 当量)不得大于 $3kg/m^3$;氯离子含量不应超过胶凝材料总量的 0.1%。

④防水混凝土 12h 标养强度不大于 6MPa 或 24h 标养强度不大于 10MPa。

⑤对混凝土所有原材料及成品均应按有关规定进行检测。

⑥防水混凝土的硫酸盐耐蚀系数不小于 0.8;施工中应采取有效措施,保证混凝土的强度和密实性。

⑦配制耐久混凝土的水泥采用普通硅酸盐水泥,不宜使用早强水泥。

⑧根据地质资料,本段无水土腐蚀性,主体结构钢筋混凝土的强度等级为C35。C35 混凝土的胶凝材料最大用量限值为 400kg/m³,水胶比不得大于 0.5,其总用量不宜小于 320kg/m³。

⑨混凝土应选用来料均匀、各项性能指标稳定的一级粉煤灰。

⑩混凝土的原材料及配比,应在正式施工前的混凝土试配工作中,通过混凝土工作性、强度和耐久性指标的测定,并通过抗裂性能的对比试验后确定。应在现场进行模拟构件的试浇筑,发现问题及时调整。

⑪采取适当措施,保证钢筋保护层尺寸及钢筋定位的准确性。

2.4 明挖隧道防水施工

目前,国内暗挖隧道衬砌混凝土浇筑大部分都采用整体式衬砌台车逐窗分层浇筑技术,采用拖泵从台车内部进行混凝土浇筑,采用通过主料斗、主溜槽、"三通"分流槽、分流串筒和入窗溜槽相结合的方式,简单操作相应的插板阀门,使混凝土流向各工作窗口,实现二次衬砌拱墙混凝土的逐窗进料浇筑。通过台车窗口采用插入式振捣器对混凝土进行振捣。同时采用衬砌台车带模注浆施工技术,确保衬砌拱顶混凝土密实。

城市地铁明挖车站的混凝土浇筑采用脚手架模板体系,通过汽车泵从基坑外侧由上而下的、设置布料串筒,分仓、分层浇筑的施工工艺,作业人员从施工位置顶面采用插入式振捣棒对混凝土进行振捣。

机场 2 号隧道是采用明挖法施工的高铁隧道,衬砌混凝土施作采用整体衬砌台车,混凝土浇筑由基坑外侧通过混凝土泵车,从衬砌侧墙顶部及拱部通过泵车软管向台车内输送混凝土,作业人员从侧墙顶面进入侧墙内对衬砌侧墙混凝土进行振捣,在拱顶外侧对衬砌拱顶混凝土进行振捣。

2.4.1 典型断面的施工流程

机场 2 号隧道衬砌施工主要流程为:垫层施工→底部防水施工→仰拱施工(环向及纵向施工缝防水施工)→仰拱填充施工→侧墙防水施工→衬砌钢筋混凝土施工→衬砌拱顶防水施工。

2.4.2 支撑形式的优化

基坑围护体系的支撑结构是基坑围护结构设计中非常重要的一个环节,支撑结构布置的合理与否决定了整个基坑围护结构设计的质量。基坑支撑体系按传力

第2章 大断面明挖隧道防水技术创新与实践

途径不同分为内支撑式支撑结构和拉锚式支撑结构两大类。支撑体系对主体结构施工的影响程度及土方开挖运输的方便程度两个指标在很大程度上决定了整个地下工程的进度,结构浇筑次数、支撑布置形式及施工缝数量决定了主体结构的防水质量。拉锚式支撑结构的最大优点是在基坑内部施工时,土方开挖、主体结构施工不受干扰,在大大加快工程进度的同时保证了主体结构的防水质量。

2.4.2.1 原设计情况

机场2号隧道按明挖顺作法施工,主要采用土钉墙放坡、钻孔灌注桩+钢支撑围护、放坡+钻孔灌注桩+钢支撑围护及放坡+双排钻孔桩围护形式。各段围护结构形式如表2-1所示。

DK46+092~DK48+000段原设计围护参数　　　　表2-1

序号	起始里程	终止里程	长度	冠梁顶高程(m)	放坡高度(m)	桩长(m)	围护桩(m)	支撑形式
1	DK46+092	DK46+500	408	17.15	4.2/4.5	17/18	φ0.8@1.1	二道支撑+一道倒撑
2	DK46+500	DK46+640	140	18.65	3.7	21	φ0.8@1.1	三道支撑+一道倒撑
3	DK46+640	DK46+725	85	18.65	2.87	21	φ0.8@1.1	三道支撑+一道倒撑
4	DK46+725	DK46+910	185	18.65	2.87	21	φ0.8@1.1	三道支撑+一道倒撑
5	DK46+910	DK46+970	60	18.65	2.87	21	φ0.8@1.1	三道支撑+一道倒撑
6	DK46+970	DK47+680	710	18.65	3.15/2.87	22/23	φ0.8@1.1	三道支撑+一道倒撑
7	DK47+680	DK48+000	320	18.65	2.87	24/25	φ0.8@1.1	三道支撑+一道倒撑

机场2号隧道未改线段采用放坡+$\phi800mm@1100mm$钻孔灌注桩+钢支撑支护形式,衬砌施工时在拱腰位置设置一道倒撑。冠梁顶设置5m宽平台,上部土体采用喷混凝土+钢筋网+土钉防护,坡率1:1。基坑采用$\phi609mm(t=16mm)$钢管支撑。原设计有倒撑段支护结构断面见图2-26。

该方案隧道主体结构分3个步骤浇筑。步骤1,先浇筑底板,待底板达到一定强度后,拆除最下部一道支撑;步骤2,浇筑第2道支撑以下的部分边墙,待边墙达到一定强度后,进行换撑,即先用支撑顶住边墙,然后拆除第2道支撑;步骤3,浇筑上部部分边墙和拱部,待混凝土强度达到设计要求后拆除上部支撑和隧道内部的支撑,并进行拱顶以上土方回填。衬砌结构设置了两道纵向施工缝。

原设计图纸衬砌施工步骤如图2-27所示。

2.4.2.2 存在的问题及优化思路

原方案内支撑钢管密集,作业空间小,出土困难,衬砌需要采用能够跨越倒撑结构而专门研制的步履式分体台车,其工序多,工艺复杂,施工工效低,衬砌无法一次浇筑成型造成纵向施工缝增加,钢支撑的热胀冷缩造成钢支撑长度发生变化,在衬砌混凝土强度较低时易在钢支撑与混凝土的界面产生错动,增加了衬砌混凝土开裂的风险,造成衬砌渗漏水。

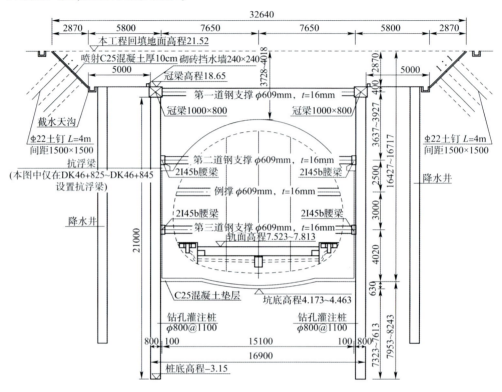

图 2-26　原设计有倒撑段支护结构断面图(尺寸单位:mm)

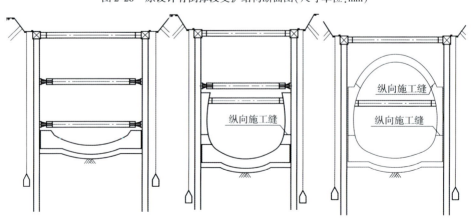

图 2-27　原设计图纸衬砌施工步骤

第2章　大断面明挖隧道防水技术创新与实践

针对上述问题,按照以下思路对基坑围护结构支撑体系进行优化:①确保明挖基坑的稳定和周围建筑物的安全;②为隧道结构施工提供宽阔的空间和良好的条件,衬砌整体浇筑成型,缩短施工工期,减少施工缝数量,保障防水质量;③合理利用土体强度传递与承受支撑桩结构的拉力,减少内支撑的数量。

2.4.2.3　优化后方案及主要参数

桩锚较桩撑围护结构具有干扰小、工序道数少、有利于大型机械作业、减少衬砌结构纵向施工缝的数量等优点。

在保证基坑支护结构安全、隧道施工质量可控、确保本段隧道按期完成的前提下,取消机场2号隧道DK46+092~DK48+000段倒撑并按表2-1分段落变更围护结构形式,以保证隧道结构侧墙及顶板能通过衬砌台车进行一次性浇筑,具体变更参数如下:

(1) DK46+092~DK46+500,取消原设计第一道钢支撑、倒撑及其对应的腰梁、连接件,冠梁位置改用预应力锚索。锚索长度22m,每根锚索由3束$\phi^s15.2$mm(1860MPa)钢绞线组成。

(2) DK46+500~DK46+725、DK46+910~DK46+970,取消原设计第一道钢支撑、倒撑及其对应的腰梁、连接件。冠梁顶高程调整至17.02m,放坡高度相应变化,冠梁位置改用预应力锚索。锚索长度25m,每根锚索由3束$\phi^s15.2$mm(1860MPa)钢绞线组成。第三道撑位置不变,第二、三道撑间距调整为4m。

(3) DK46+725~DK46+910,下穿现状排水渠段,考虑到基坑两侧地层受河道地下水影响,锚索成孔效果以及锚固效果不佳,采用取消倒撑的同时加强围护结构方案。围护桩调整为直径1.0m,间距1.3m,冠梁宽1.2m,高1m,桩长调整为22m,配筋方式不变,冠梁高程调整至19.15m,放坡高度相应变化。第三道撑位置不变,第二、三道撑竖向间距调整为4.5m。结合富各庄村拆迁情况将DK46+380~DK46+820段止水帷幕调整为DK46+725~DK46+910,止水帷幕桩长调整为23m,其他参数维持原设计不变。现状水渠低于冠梁高程段落,仍需按原设计图,先回填再打设围护桩及止水帷幕,最后开挖基坑。同时需与水渠产权部门落实好下穿段水渠的临时导流及恢复方案,主体结构施工完成后做好抗浮措施及成品保护。

(4) DK46+970~DK47+680,取消原设计第二道钢支撑、倒撑及其对应的腰梁、连接件,在第二道支撑位置改用预应力锚索。锚索长度33m,每根锚索由4束$\phi^s15.2$mm(1860MPa)钢绞线组成。

(5) D47+680~DK48+000,取消原设计第二道钢支撑、倒撑及其对应的腰梁、连接件,在第二道支撑位置改用预应力锚索。锚索长度35m,每根锚索由4束

$\phi^s15.2mm(1860MPa)$钢绞线组成。

(6)锚索均采用1桩1锚,纵向间距1.1m,同一排相邻锚索倾角分别为15°和25°交错布置。锚索钻孔直径150mm,采用套管跟进护壁的成孔方法。注浆采用二次注浆工艺,二次压力注浆采用水灰比0.5~0.55的水泥浆,注浆压力不宜小于1.5MPa,锚索腰梁采用2I25b钢板组合截面。锚索布置示意如图2-28、图2-29所示。

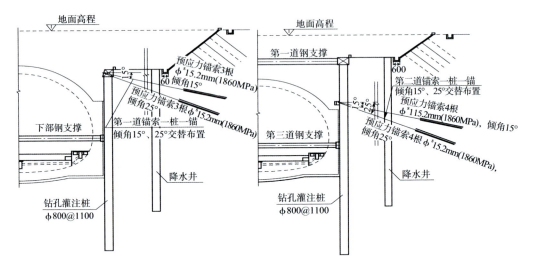

图2-28 首道、第二道撑撑改锚索布置示意图(尺寸单位:mm)

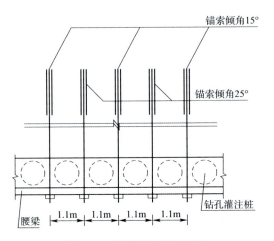

图2-29 锚索平面布置示意图

第 2 章 大断面明挖隧道防水技术创新与实践

(7)各段落围护结构支撑的预加轴力值见表 2-2~表 2-7。

DK46+092~DK46+500 段预加轴力表　　　表 2-2

锚索倾角	钢支撑序号	预加轴力(kN)	设计轴力(kN)
15°	第一道锚索	118	206.1
15°	第二道钢支撑	660	1793.6
25°	第一道锚索	126	205.1
25°	第二道钢支撑	660	1782.4

注：锚索自由段长度 11.6m。

DK46+500~DK46+725 段预加轴力表　　　表 2-3

锚索倾角	钢支撑序号	预加轴力(kN)	设计轴力(kN)
15°	第一道锚索	97	153.5
15°	第二道钢支撑	360	816.8
15°	第三道钢支撑	1140	2268.8
25°	第一道锚索	103	162.7
25°	第二道钢支撑	360	792.0
25°	第三道钢支撑	1140	2264.6

注：锚索自由段长度 10.9m。

DK46+725~DK46+910 段预加轴力表　　　表 2-4

钢支撑序号	预加轴力(kN)	设计轴力(kN)
第一道钢支撑	300	796.1
第二道钢支撑	810	2087.3
第三道钢支撑	1140	2763.8

DK46+910~DK46+970 段预加轴力表　　　表 2-5

锚索倾角	钢支撑序号	预加轴力(kN)	设计轴力(kN)
15°	第一道锚索	80	122.1
15°	第二道钢支撑	330	767.3
15°	第三道钢支撑	1110	2227.5

续上表

锚索倾角	钢支撑序号	预加轴力(kN)	设计轴力(kN)
25°	第一道锚索	85	128.5
	第二道钢支撑	330	742.5
	第三道钢支撑	1110	2227.5

注：锚索自由段长度9.9m。

DK46+970~DK47+680段预加轴力表　　　　　表2-6

锚索倾角	钢支撑序号	预加轴力(kN)	设计轴力(kN)
15°	第一道钢支撑	105	265.7
	第二道锚索	342	590.0
	第三道钢支撑	1350	2687.4
25°	第一道钢支撑	105	265.7
	第二道锚索	364	618.7
	第三道钢支撑	1350	2687.4

注：锚索自由段长度6.7m。

DK47+680~DK48+000段预加轴力表　　　　　表2-7

锚索倾角	钢支撑序号	预加轴力(kN)	设计轴力(kN)
15°	第一道钢支撑	180	308.1
	第二道锚索	319	578.0
	第三道钢支撑	1200	2590.5
25°	第一道钢支撑	180	308.1
	第二道锚索	340	604.9
	第三道钢支撑	1200	2590.1

注：锚索自由段长度7m。

机场2号隧道基坑围护结构取消倒撑支护结构变更为锚索支护结构：节约了钢管倒撑工程量；整体式较分离式模板台车相比减少台车投入费用；衬砌一次浇筑成型减少纵向施工缝且防水质量更有保障，节约防水材料；优化后衬砌施工工序减

第2章 大断面明挖隧道防水技术创新与实践

少,提高工效,加快了施工进度,节约了工期。优化前、优化后衬砌纵向施工缝如图 2-30 所示。

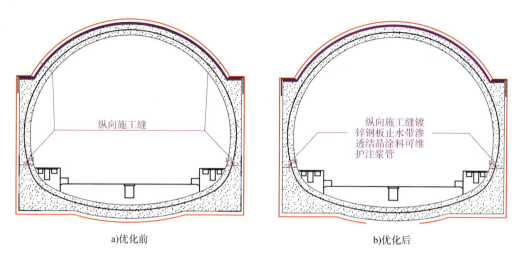

a)优化前　　　　　　　　　　　　b)优化后

图 2-30　衬砌纵向施工缝设置

2.4.3　台车长度选择

根据防水设计理念,京雄城际铁路机场 2 号隧道的防水主要依靠结构自防水,即防水对混凝土施工质量要求高。影响自防水混凝土结构抗渗效果的主要有混凝土裂缝和细部施工缺陷,其中混凝土裂缝包括温度裂缝、干缩裂缝、移动裂缝、沉降裂缝和荷载裂缝等;细部施工缺陷主要表现为施工缝处理不当、预埋铁件和穿墙螺栓安装不当等。

温度裂缝相比于干缩裂缝、移动裂缝和荷载裂缝,其最容易在隧道二次衬砌浇筑过程中产生,也最难控制。隧道二次衬砌混凝土温度裂缝的产生主要是由于水泥水化过程中产生大量的热量,衬砌混凝土发生水化反应导致体积膨胀。当混凝土芯部温度与表面温度温差过大时,由温差引起的温度应力超过混凝土抗折强度,从而导致混凝土内部产生裂缝。混凝土初始浇筑完成到达温峰后温度将逐渐下降,如果混凝土养护措施不到位,降温速度过快,极其容易对混凝土表面产生冷刺激,温度应力过大会导致由表层至内部的温度裂缝,这种由表及里的贯穿性裂缝对混凝土结构抗渗性能影响极大。

隧道二次衬砌混凝土的温度裂缝控制主要是控制混凝土浇筑完成后的内外温度差。目前隧道二次衬砌混凝土温度裂缝的主要控制手段是优化混凝土配合比,降低水化热、冷却原材料、保证养护措施等方面入手,很少有考虑从结构方面考虑即减少衬砌台车长度。京雄城际铁路第三合同段的二次衬砌混凝土摒弃了传统的12m一节段的台车设计,通过大体积混凝土温控仿真模拟计算,目前改进后的9m一节段混凝土结构产生的温度应力小于12m一节段混凝土结构,安全系数更高。通过现场实际情况来看,缩小衬砌混凝土每节段的长度后,也有利于后期养护并且在施工组织过程中排期更加灵活,不仅能更大限度地保证混凝土结构的质量,还能有效控制工期进度。

2.4.3.1　隧道衬砌混凝土仿真模拟计算

1)计算模型与边界条件

隧道衬砌混凝土每个施工段一次性浇筑长度按照9m和12m分低温、常温和高温季节进行模拟计算,混凝土强度等级为C35。通过建立实体隧道衬砌混凝土有限元剖分模型,模拟分析不同施工长度隧道衬砌混凝土在浇筑过程中混凝土内部最高温度变化情况、浇筑间隔期为5d的应力发展情况。计算模型见图2-31。

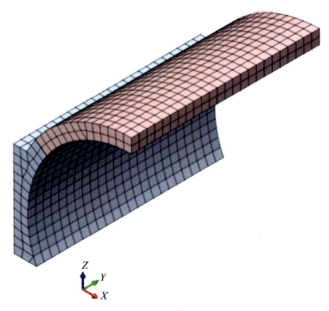

图2-31　计算模型图

仿真计算按照环境温度、浇筑温度、浇筑长度和养护情况不同组合成常温季节、低温季节和高温季节三种工况进行模拟计算。

第2章 大断面明挖隧道防水技术创新与实践

仿真分析计算边界条件如下：

①环境温度参考当地气温，低温、常温及高温季节分别按15℃±5℃、20℃±5℃及30℃±5℃计算。

②低温、常温及高温季节浇筑温度分别按14℃、23℃、28℃计算。

③带模养护，低温季节喷雾环境湿度取75%RH，常温季节和高温季节养护环境湿度取50%RH。

④考虑现场的施工工艺，在仰拱已完成浇筑的基础上，隧道衬砌分侧墙和拱顶两层进行浇筑，上下层混凝土浇筑间隔期为5d。

⑤根据隧道衬砌混凝土结构的对称性和相似性，取1/2进行温度应力仿真模拟计算。

⑥温度及温度应力计算从混凝土浇筑开始，模拟之后60d的温度应力发展。

2）施工段长度9m

根据混凝土物理、热学性能参数及混凝土所受约束信息等设定条件计算，施工段长度为9m隧道衬砌混凝土内部最高温度为55.7℃，温峰出现时间约为浇筑后2d，温峰位置为侧墙顶端最大变截面处，符合《铁路混凝土结构耐久性设计规范》(TB 10005—2010)（以下简称铁路规范）对施工过程裂缝控制的要求——养护期间大体积混凝土构件内部最高温度<65℃。隧道衬砌混凝土内部最高温度包络图见图2-32。

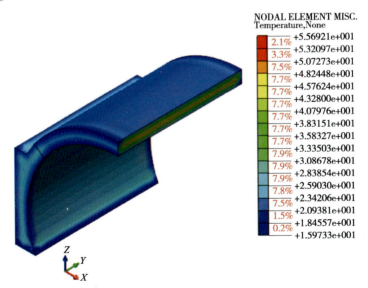

图2-32 隧道衬砌混凝土内部最高温度包络图（施工段长度9m）（单位:℃）

根据模型及温度场结果,冬季施工一次性浇筑长度9m侧墙混凝土、拱顶混凝土3d、7d、28d和60d温度应力场分布见图2-33、图2-34,温度应力场计算结果见表2-8。

施工段长度为9m的侧墙和拱顶混凝土3d、7d、28d和60d抗裂安全系数均大于1.4,混凝土安全系数保证率在95%以上,可以满足现场要求。

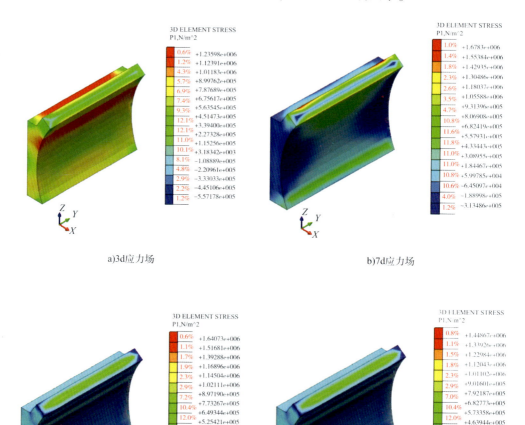

a) 3d应力场　　　　　　　　　　　　b) 7d应力场

c) 28d应力场　　　　　　　　　　　　d) 60d应力场

图2-33　隧道侧墙混凝土应力场分布图(施工段长度9m)(单位:Pa)

第2章 大断面明挖隧道防水技术创新与实践

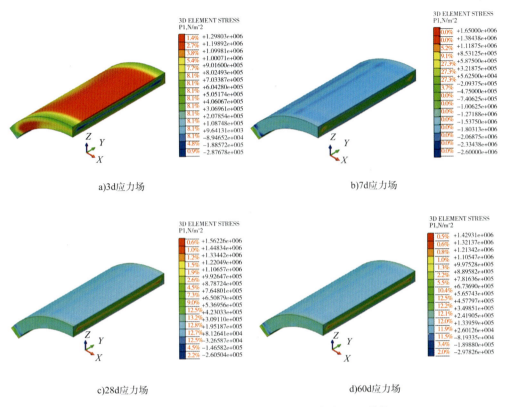

图 2-34 隧道拱顶混凝土应力场分布图（施工段长度9m）（单位：Pa）

隧道衬砌混凝土温度应力场结果（施工段长度9m）　　　　表 2-8

龄期	部位	3d	7d	28d	60d	最小安全系数	最高温度(℃)
劈裂抗拉强度(MPa)		2.1	2.7	3.1	3.6		
温度应力(MPa)	侧墙	1.24	1.68	1.64	1.45	1.61	55.7
	拱顶	1.30	1.65	1.56	1.43	1.62	51.8

3）施工段长度12m

根据混凝土物理、热学性能参数及混凝土所受约束信息等设定条件计算，冬季施工段长度为12m隧道衬砌混凝土内部最高温度为55.8℃，温峰出现时间约为浇筑后2d，温峰位置为侧墙顶端最大变截面处，符合《铁路混凝土结构耐久性设计规范》(TB 10005—2010)中施工过程裂缝的控制要求——养护期间大体积混凝土构件内部最高温度<65℃。隧道衬砌混凝土内部最高温度包络图2-35。

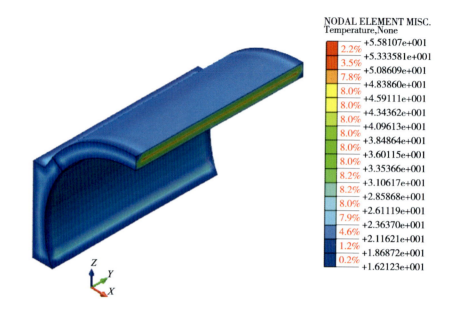

图 2-35 隧道衬砌混凝土内部最高温度包络图（施工段长度12m）（单位：℃）

根据模型及温度场结果，一次性浇筑长度为12m隧道侧墙和拱顶混凝土3d、7d、28d及60d应力温度应力场分布见图2-36、图2-37，应力计算结果见表2-9。

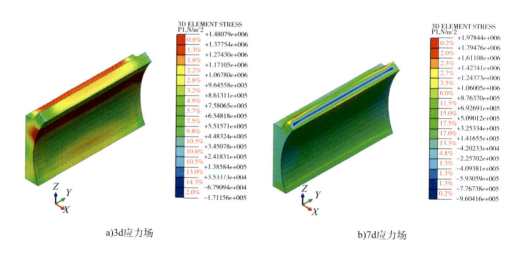

a) 3d应力场　　　　　　　　　　b) 7d应力场

图 2-36

第2章 大断面明挖隧道防水技术创新与实践

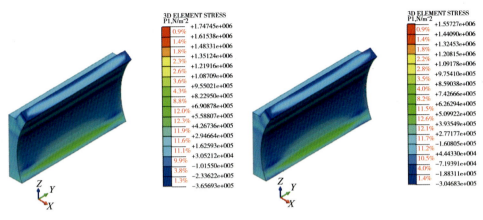

c)28d应力场　　　　　　　　　　　　d)60d应力场

图 2-36　隧道侧墙混凝土应力场分布图（施工段长度 12m）（单位：Pa）

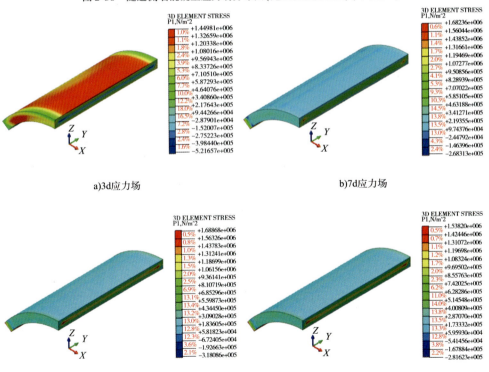

a)3d应力场　　　　　　　　　　　　b)7d应力场

c)28d应力场　　　　　　　　　　　　d)60d应力场

图 2-37　隧道拱顶混凝土应力场分布图（施工段长度 12m）（单位：Pa）

隧道衬砌混凝土温度应力场结果(施工段长度12m)　　表2-9

龄期 劈裂抗拉强度(MPa)	部位	3d 2.1	7d 2.7	28d 3.1	60d 3.6	最小安全系数	最高温度(℃)
温度应力(MPa)	侧墙	1.48	1.98	1.75	1.56	1.36	55.8
	拱顶	1.45	1.68	1.69	1.54	1.45	51.8

施工段长度为12m的隧道侧墙混凝土3d、7d、28d及60d安全系数分别为1.48、1.98、1.75和1.56,其中7d抗裂安全系数低于1.4。从图2-33可以看出侧墙顶端最大变截面处、侧墙底部应力集中现象较为明显,不能满足现场施工要求。

2.4.3.2　计算结果分析及台车长度确定

混凝土在不同计算工况条件下得到的温度应力仿真模拟计算结果见表2-10。

温度应力仿真模拟计算结果　　表2-10

工况条件		浇筑温度(℃)	最高温度(℃)		部位	最大拉应力(MPa)								最小安全系数	
环境	养护方式		9m	12m		3d	7d	28d	60d	3d	7d	28d	60d	9m	12m
						9m				12m					
低温季节	喷雾养护	14	55.7	55.8	侧墙	1.24	1.68	1.64	1.45	1.48	1.98	1.75	1.56	1.61	1.36
					拱顶	1.30	1.65	1.56	1.43	1.45	1.68	1.69	1.54		
常温季节	一般养护	23	64.8	64.9	侧墙	1.27	1.87	1.64	1.56	1.51	2.23	1.63	1.59	1.44	1.21
					拱顶	1.33	1.62	1.58	1.49	1.34	1.80	1.61	1.54		
高温季节		28	69.9	70.0	侧墙	1.63	2.29	2.00	1.88	1.88	2.38	2.19	2.05	1.18	1.11
					拱顶	1.42	1.88	1.61	1.70	1.62	1.95	1.70	1.92		

通过仿真模拟计算结果,从表2-10可以看出低温季节和常温季节混凝土内部最高温度符合铁路规范中<65℃的要求,且一次性浇筑9m的衬砌混凝土安全系数保证率在95%以上,可以满足施工要求。高温季节混凝土内部最高温度均超过铁路规范中<65℃的要求,最小安全系数均小于1.4,与9m衬砌混凝土施工方案相比,12m衬砌混凝土施工方案开裂风险较大,为了保障工程品质,最终决定采用9m衬砌混凝土台车进行施工,并采取针对性措施防止混凝土开裂。

2.4.3.3　温控建议与措施

根据仿真模拟计算,为保证混凝土内外温差、内部最高温度满足设计指标要求,降低混凝土开裂风险,提供以下混凝土抗裂措施作为参考:

第2章 大断面明挖隧道防水技术创新与实践

（1）在侧墙混凝土浇筑之前，建议在侧墙顶端最大截面处模板外表立面挂双层保温材料（草袋、棉被等）进行保温养护，避免混凝土裂缝的发生。

（2）侧墙混凝土模板拆模后立即在应力集中位置覆盖薄膜+土工布保温、保湿（并提前准备保温材料），防止混凝土产生过大的温差应力。

（3）为防止温差过大，可以考虑设置温度筋作为防裂措施。在温度收缩应力较大的现浇板区域内，双向配置不小于0.10%配筋率的防裂构造钢筋，且其间距不宜大于200mm。

（4）高温季节施工时，重点控制原材料入机温度，必要时可加冰拌和，以降低混凝土浇筑温度。

2.4.4 特殊部位防水施工

2.4.4.1 衬砌倒角处混凝土振捣

衬砌倒角位于衬砌侧墙最下方，是衬砌混凝土浇筑最开始部位，由于此处深度较深，混凝土浇筑时，采用软管串筒（图2-38）辅助进行布料，防止混凝土自由落体超过2m，导致混凝土离析。衬砌倒角处混凝土采用插入式振捣棒和模板台车附着式振捣器相结合的振捣方式。若人员站在侧墙顶部进行振捣，一是插入式振捣棒在更换振捣位置上下提动时，振捣棒容易卡在侧墙拉钩钢筋之间难以提出；二是模板圆弧下半部分倒角位置混凝土振捣不到，依靠附着式振捣器，倒角处混凝土表面仍有大量气泡难以排出，混凝土密实度难以保证；三是此处混凝土位于纵向施工缝处，是防水薄弱部位，需要加强振捣。为保证衬砌倒角处混凝土自防水效果，采取开通人员振捣通道、设置人员有效振捣操作平台措施，对此处混凝土进行加强振捣。

图2-38 串筒布置示意图

（1）倒角处混凝土通过软管接长后深入侧墙内部，左右对称布料。混凝土自由下落高度不大于2m，每层浇筑30cm；两侧布料高差不超过50cm。两侧交替布料。在布料点处，采用敲打模板控制布料高度。为避免振捣棒赶料影响混凝土质量，每侧设置4个布料点，每个布料点浇筑半径控制在1~1.2m。两端布料点距离端头1m，其余平均分配。

（2）下料管处钢筋处理措施：①N3号钢筋断两根，混凝土浇筑到侧墙顶前，钢筋进行补强；②N8号钢筋断一根，混凝土浇筑到侧墙顶前，钢筋进行补强；③N1号钢筋布料位置提前向下弯；④梅花形设置的拉钩钢筋，在保证总体数量不变的情况下调整矩形布置。

侧墙钢筋处理措施见图2-39。

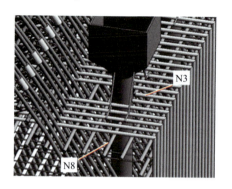

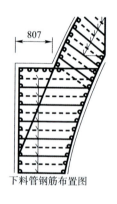
下料管钢筋布置图

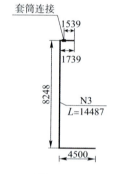
下料管处N3钢筋套筒连接

下料管处N1钢筋下湾锚固

图2-39 侧墙钢筋处理措施示意图(尺寸单位:mm)

(3)倒角处混凝土采取人员下至侧墙内进行振捣,首先在拱顶模板中间位置开设人员进出通道,通道处钢筋提前进行处理,然后将通道位置拉钩拆除,人员下去振捣,振捣完毕将拉钩及窗口处钢筋恢复原状(图2-40、图2-41)。振捣插入时要快,拔出时要慢。每次插入振捣的时间为30s左右(分3次振捣),并以混凝土不再显著下沉,不出现气泡,开始泛浆时为准。振捣时振捣棒插入下层混凝土5cm左右,加强上下层混凝土的结合。振捣插入前后左右间距40cm以内,防止漏振。

(4)使用附着式平板振捣器辅助振捣,可减少衬砌混凝土内表面气泡。当混凝土浇筑高度到达两层平板振捣器中间位置左右时,开启平板振捣器振捣。混凝土坍落度控制在180mm,最大不超过200mm,平板振捣器振捣4次,每次振捣时间

第2章 大断面明挖隧道防水技术创新与实践

一般为8~12s,振捣间隔15s左右,根据振捣程度当混凝土在模内泛浆流动或成水平状即可停振。不得在混凝土初凝状态时再振。

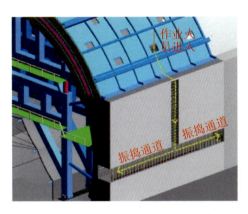
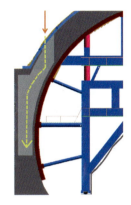

图2-40 衬砌倒角处振捣通道设置示意图

图2-41 振捣通道恢复现场图片

2.4.4.2 环向止水带安装及固定

一直以来,隧道衬砌施工缝的止水带施工都是施工难点,特别是隧道衬砌的环向止水带安装及加固,许多新的加固技术相继出现,同时也暴露出了现有技术体系不够完善等一系列质量通病。环向止水带位于两板衬砌间的环向施工缝或变形缝处,环向止水带的安装、固定是防水施工中极为重要的关键环节。为保证环向止水带位置准确、牢固、不出现扭曲变形现象,环向止水带的安装、固定方法较为重要。若只采用模板对压方法固定止水带,如果工人疲乏、马虎或是责任心不强,技术较差,拆模后止水带经常会出现位置不正、埋深超标、止水带被压倒、没有埋入混凝土中等问题,严重降低止水带的防水作用,给隧道运营留下较大质量隐患。因此需要增加固定措施,保证止水带位置准确。机场2号隧道衬砌环向止水带施工过工艺,结合现场实际情况、设计要求及质量标准,针对目前衬砌环向施工缝中埋式止水带的施工存在的质量通病改进了一种新的中埋式止水带的加固体系。

(1)环向止水带在衬砌端头模板安装过程中进行安装固定,首先安装端头内侧模板,然后安装环向止水带,最后安装端头外侧模板(图2-42)。

图 2-42　端头模板及环向止水带安装现场图片

(2)环向止水带安装前,将最外层拉钩钢筋进行提前预弯,使其不与环向止水带位置冲突。安装止水带中心要与环向施工缝或变形缝中心重合,两侧钢边打设固定孔,孔距钢板边缘2cm,孔径5mm,纵向间距450mm。端模安装时用φ4mm铁丝穿过固定孔将止水带固定在钢筋上,在止水带两侧打孔位置增设一道筷子筋,可以保持止水带不发生变形、扭曲现象,然后采用上下两片模板将止水带卡在中间位置(图2-43、图2-44)。

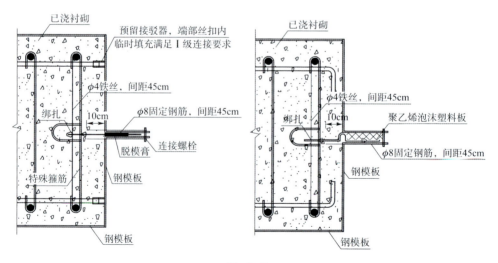

图 2-43

第2章 大断面明挖隧道防水技术创新与实践

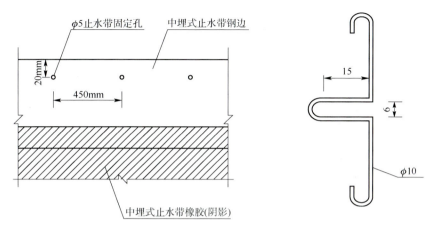

图 2-43 施工缝及变形缝处环向止水带固定示意图(钢筋直径、尺寸单位:mm)

图 2-44 环向止水带固定现场图片

(3)若环向止水带不够长时,需要对止水带进行接长处理(图 2-45)。采用 U 形扣件将钢边进行对接,并采用铆钉进行固定,连接后表面安装 2mm 厚橡胶腻子片,最后采用 3mm 厚橡胶薄片进行加强保护。

图 2-45 环向止水带接长示意图

2.5 防水系统施工控制要点

2.5.1 防水板施工

(1)基面施工要求及处理方法

基层面应坚硬,具有一定的强度,保证铁钉能牢固的钉在基层面上,应对垫层及侧墙表面灰渣进行清扫;基层面不允许漏水,地面积水要及时排除;施工期间应通过降水和堵水措施,做到无水作业。以上检查内容由技术员目测验收。

墙基层面必须洁净、平整、坚实,无凸起的石子、钢筋头等尖锐物。平整度应符合

$$D/L \leqslant 1/10$$

式中:D——相邻两凸面凹进去的深度;

L——相邻两凸面的距离,$L \leqslant 1m$。

由技术员采用靠尺验收平整度。

所有阴阳角部位采用1:2.5水泥砂浆施作倒角,阴角做5cm×5cm的倒角,阳角可采用水泥砂浆圆顺处理,$R \geqslant 3cm$(图2-46)。由技术员过程质量跟踪控制。

(2)铺设缓冲层

仰拱采用水泥钉将防水板相配套的热熔垫圈缓冲层固定在基面上,固定点之间呈正梅花型布设,间距为1.0~1.5m。边墙采用水泥钉将防水板相配套的金属丝热熔垫圈缓冲层固定在基面上,固定点之间呈正梅花形布设,间距为0.5m;仰拱与侧墙连接部位的固定间距应当加密至50cm。在基面凹处应加设金属丝热熔垫圈,避免凹处防水板吊空;

图2-46 水泥砂浆倒角施作示意图

钉子不得超出金属丝热熔垫圈平面,以免刺穿防水板。

缓冲层之间采用搭接法进行连接,搭接宽度不小于5cm,缓冲层铺设时应尽量与基面密贴,不得拉得过紧或起大包,以免影响防水板铺设(图2-47)。

(3)防水板铺挂

①仰拱防水板采用预铺反粘法施工,即首先铺好防水板,将防水板中非粘结面(ECB面)靠近垫层一侧铺设,防水板中隔离面(粘贴面)上铺设50mm细石混凝土保护层,其后可施作主体结构。采取环向铺设,避免阴角处出现搭接面,从而影响

第2章 大断面明挖隧道防水技术创新与实践

防水效果。铺设长度一般应超出混凝土湿接缝及预留钢筋顶端500mm。相邻两幅卷材搭接宽度为150mm；要求尽量减少T字形搭接和十字形搭接的数量，以保证防水效果。仰拱防水板铺设完毕，在绑扎钢筋前，撕掉卷材隔离膜，及时施作50mm厚C25细石混凝土保护层。

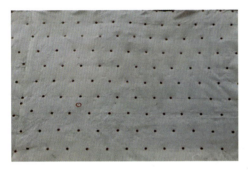 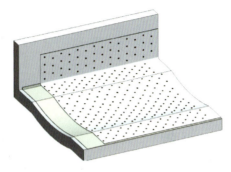

图 2-47　缓冲层铺设

仰拱防水板施作如图 2-48 所示。

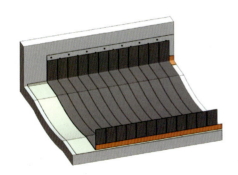 

图 2-48　仰拱防水板施作

②侧墙防水板采用预铺反粘法施工，采取横(环)向铺设，铺设长度一般应超出混凝土湿接缝及预留钢筋顶端500mm。灌注桩段先在开挖的灌注桩临空面上喷射10cm厚C20网喷混凝土找平，然后铺设土工布及单面自粘防水板，自粘面朝向结构，采用超声波热熔焊机将防水板固定在金属丝热熔垫圈上，在绑扎钢筋前，撕掉侧墙卷材隔离膜。

侧墙防水施作细部如图 2-49 所示。

③采用后铺正粘法施工，即首先浇筑混凝土，待混凝土达到设计强度后，在混凝土表面涂刷一层2.5mm厚单组分聚氨酯防水涂料，施作30mm厚水泥砂浆找平层，然后再铺设防水板，防水板外侧铺设土工布，防水板中粘贴面与找平层密贴，最

后施作80mm厚C25细石混凝土保护层,最后施作洞顶回填。防水板采取环向铺设,防水材料铺设时不得拉得过紧或出现大的鼓包,铺设好的防水板应与基面凹凸起伏一致,保持自然、平整。相邻两幅卷材搭接宽度为150mm。

拱顶防水构造细部如图2-50所示。

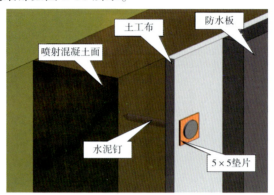

图2-49 侧墙防水施作细部图

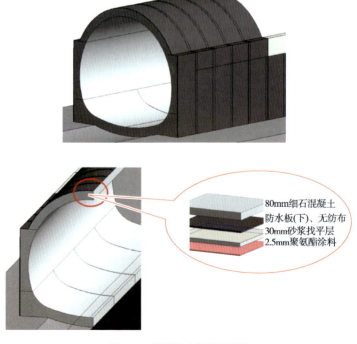

图2-50 拱顶防水构造细部图

第 2 章　大断面明挖隧道防水技术创新与实践

（4）防水板搭接

防水板焊接应采用双焊缝，用调温、调速热楔式自动爬行式热合机热熔焊接，细部处理或修补可采用手持焊枪焊接。焊接前先将防水板铺设平整舒展，避免叠皱，并除尽防水板表面的灰尘、油污、水滴再焊接。焊缝接头处不得有气泡、折皱及孔隙，每焊接 200~300cm 的焊缝应停电清理粘合物。焊接应满足规定的温度、速度及单条焊缝的有效焊缝宽度不小于 1.5cm 的要求，保证焊缝平直、整齐、轮廓清晰，满足防水焊接要求。

单条焊缝的有效焊接宽度不小于 15mm（图 2-51），两幅防水板的搭接宽度不应小于 15cm，分段铺设的防水板边缘部位应预留至少 20cm 的搭接余量，并对预留边缘部位进行有效的保护。

防水板破损部位应采用双面自粘 ECB 材料进行修补，补丁满粘在破损部位，补丁大小 15cm×15cm，不得有翘边空鼓部位。

图 2-51　防水板焊接示意图

（5）质量检测

①目测检查：检查防水板与基面的密贴程度及预留量，检查防水板表面铺设质量，尺寸焊接宽度和固定点距离是否符合要求，焊接表面是否平整光滑、有无波形断面等。

②充气检测：双焊缝宽度不能小于 1.5cm，两条焊缝间留 15cm 宽的空腔作为充气检查用，用空气检测器检测焊接质量。方法是先堵住空气道一端，然后用空气从另一端打气加压，知道压力达到 0.2MPa，稳定 15min，压力下降在 10% 以内说明合格；否则，须用检测液（如肥皂水）找出漏气部位，用手动热熔焊接修补后再次检测，直到完全合格。

2.5.2　特殊部位防水施工

（1）施工缝施工

主体结构环向施工缝采用中埋式钢边橡胶止水带，纵向施工缝采用镀锌钢板

止水带,混凝土界面间涂刷水泥基渗透结晶型防水涂料,靠近止水带铺设注浆管进行加强防水处理。具体施工要求如下:

①明挖隧道按施工顺序设置纵向施工缝和环向施工缝,纵向施工缝应留置在高出底板顶面不小于300mm,且宜在水沟盖板底面以下的墙体上,环向施工缝间距为9m。

②止水带在结构钢筋上固定的间距不得大于400mm,固定应牢固、可靠,不得出现扭曲、变形等现象。

③拱部和仰拱施工缝部位的止水带应牢固平直,保证振捣时产生的气泡能够顺利排出,使止水带部位的混凝土与止水带之间咬合密实不透水。

④止水带部位的混凝土应进行充分的振捣,保证施工缝部位的混凝土充分密实,这是止水带发挥止水作用的关键,应确实做好。振捣时严禁振捣棒触及止水带。

⑤中埋式钢边橡胶止水带仅允许现场的对接接头(采用机械对接),其他形式的接头(十字、T字)均要求提供预制接头,接头部位抗拉强度不得低于母材强度的80%。止水带在工地进行接头处理时,应严格按照图中止水带的对接作法进行操作。

⑥浇筑施工缝部位混凝土前,需对施工缝表面进行凿毛处理,将施工缝表面清理干净,此时应确保不得对止水带造成破坏。

⑦在先浇筑一侧的施工缝基面上涂刷或喷涂水泥基渗透结晶防水涂料,用量$1.5kg/m^2$。

⑧施工缝部位采用注浆管注浆的方式进行防水加强处理,注浆管采用专用扣件固定在施工缝表面中埋式钢边止水带与靠近内侧的遇水膨胀止水条之间,固定间距20~25cm,沿施工缝通长设置。注浆管采用搭接法进行连接,有效搭接长度不小于10~15cm(即出浆段的有效搭接长度)。侧墙下部纵向施工缝及环向施工缝处的注浆管引至环纵向施工缝连接处附近,并与小外径软管连接,最终接入注浆盒中。利用注浆盒内的小直径软管进行注浆,使浆液从注浆管孔隙内均匀渗出,填充止水带与结构内墙范围内的孔隙,达到止水的目的。注浆浆液采用水灰比1:1的水泥浆液,外渗水泥基渗透结晶防水剂(每100kg水泥掺5kg)。

(2)变形缝施工

变形缝采用中埋式钢边橡胶止水带、背贴式止水带、引水盲管。变形缝填缝材料选用泡沫塑料板,密封材料采用双组分聚硫密封膏。具体施工要求如下:

①机场隧道明挖断变形缝应设置在洞室位置、衬砌断面变化处、隧道下卧层承

载力显著变化处、工法变化处,变形缝位置应与衬砌变化位置保证 1m 间距,与衬砌开洞位置保证一倍洞径的净距。

②变形缝预埋引水盲管,采用专用扣件固定在变形缝结构表面,中埋式止水带靠近结构内侧,固定间距 20~25cm,沿变形缝通长设置。

③变形缝的两侧应平整、清洁、无渗水。

④变形缝嵌缝应密实。

⑤拱部和仰拱施工缝部位的止水带应牢固平直,保证振捣时产生的气泡能够顺利排出,使止水带部位的混凝土与止水带之间咬合密实,不透水。

⑥止水带部位的混凝土应进行充分的振捣,保证施工缝部位的混凝土充分密实,这是止水带发挥止水作用的关键,应确实做好。振捣时严禁振捣棒触及止水带。

⑦中埋式钢边橡胶止水带仅允许现场对接接头(采用机械对接),其他形式的接头(十字、T字)均要求提供预制接头,接头部位抗拉强度不得低于母材强度的 80%。止水带在工地进行接头处理时,应严格按照图中止水带的对接作法进行操作。

2.5.3 混凝土自防水施工

1)防水混凝土施工要求

(1)浇筑混凝土的基面上不得有明水,否则应进行清理,避免带水作业。

(2)模板应平整,并且有足够的刚度和强度,接缝部位严密不漏浆,夏季施工以钢模板为宜,冬季施工以木模板为宜。

(3)固定模板的螺栓不得穿过混凝土结构板。

(4)混凝土配合比应通过试验确定。

(5)混凝土搅拌均匀,严格控制坍落度损失。预拌防水混凝土入泵坍落度宜控制在 120~160mm,坍落度每小时损失值不应大于 20mm,坍落度总损失值不应大于 40mm;预拌防水混凝土的初凝时间宜为 6~8h。

(6)混凝土应振捣密实,灌筑混凝土的自落高度不应超过 2m,否则应采取措施,分层灌筑时,每层厚度不宜超过 500mm。

(7)严禁混凝土在运输和浇筑过程中加水。

(8)严格控制混凝土的入模温度,夏季高温季节施工时,应尽量利用夜间施工。混凝土的内外温差值应不大于 20℃。

(9)正确的养护是减少混凝土开裂的一个重要因素,顶、底板应尽量采用蓄水养护,侧墙可以采用保水的覆盖层进行养护,保水养护时间应为 10d,混凝土的整个养护时间应不少于14d。

(10)任何两施工缝之间的混凝土结构不应出现超过设计要求的裂缝。

(11)为保证混凝土质量,建议对混凝土进行由原材料采购、运输、储存、拌和、浇筑的全过程监控和记录。

2)防水混凝土振捣要求

(1)混凝土性能要求

混凝土集料最大粒径不应大于20mm。混凝土拌和均匀,严格控制坍落度在180~200mm,混凝土的初凝时间控制在6~8h。混凝土振捣密实,严格控制浇筑混凝土的自落高度不应超过2m。严禁混凝土在运输和浇筑过程中加水,可使用减水剂调整坍落度。

(2)仰拱混凝土振捣

①布料点及振捣孔。仰拱布料点示意如图2-52所示。

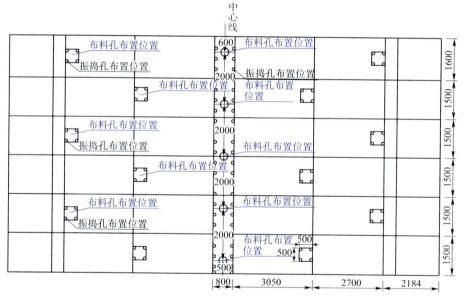

图2-52 仰拱布料点示意图(尺寸单位:mm)

②布料方式。从仰拱最低点布料即从拱底开始布料,前后左右对称布料,每层布料厚度不超过30cm。上下层浇筑间隔时间不大于混凝土初凝时间。

③振捣方式。采用插入式振捣器振捣,与端模应保持约25cm的距离;与侧墙应保持约5cm的距离。

第 2 章　大断面明挖隧道防水技术创新与实践

(3) 衬砌混凝土振捣

①布料点及振捣孔。衬砌边墙布料点示意如图 2-53 所示。

②附着式振捣器布置(图 2-54)。

③压模布料孔布置。拱顶布料窗口如图 2-55 所示。

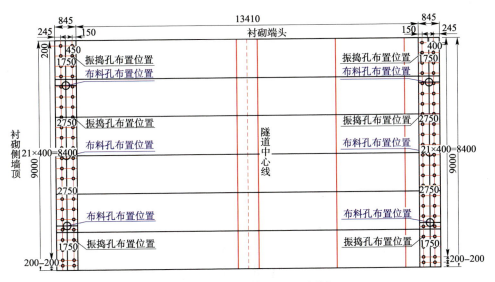

图 2-53　衬砌边墙布料点示意图(尺寸单位:mm)

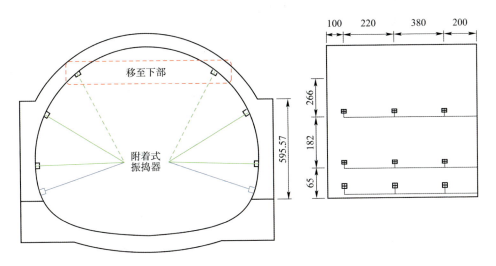

图 2-54　附着式振捣器布置图(尺寸单位:cm)

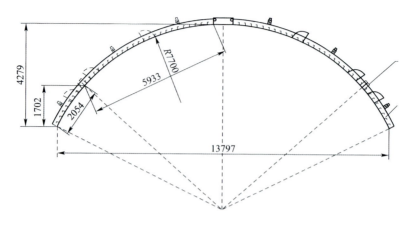

图 2-55　拱顶布料窗口示意图(尺寸单位:mm)

④布料方式。

a.侧墙:采用串管(图 2-56),接长后深入侧墙内部,左右对称布料。

b.拱顶:通过盖模窗口,左右对称布料。

c.布料高度:混凝土自由下落高度不大于 2m,每层浇筑 30cm;两侧布料高差不超过 50cm。两侧交替布料。在布料点处,采用敲打模板控制布料高度。

图 2-56　混凝土浇筑串管示意图

⑤振捣方式。

侧墙采用插入式振捣棒和模板台车附着式振捣器相结合的振捣方式;拱部采用插入式振捣棒振捣。

衬砌圆弧下半部分振捣棒覆盖不到的位置,可将拉钩拆除,人员下去振捣,振捣完毕将拉钩恢复原状。

振捣通道如图 2-57 所示。

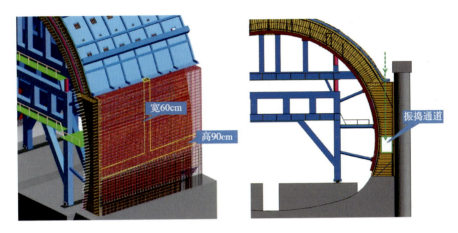

图 2-57　振捣通道示意图

（4）振捣要求

①插入式振捣器振捣。

插入时要快，拔出时要慢，以免在混凝土中留下空隙；每次插入振捣的时间一般为 20~30s，并以混凝土不再显著下沉，不出现气泡，开始泛浆时为准；振捣时间不宜过久，太久会出现砂与水泥浆分离，石子下沉，并在混凝土表面形成砂层，影响混凝土质量；振捣时振捣器应插入下层混凝土 10cm，以加强上下层混凝土的结合；振捣插入前后间距一般为 30~50cm，防止漏振。

插入式振捣时尤其要注意"三不靠"，即振捣时不要碰到模板、钢筋和预埋件。在模板附近振捣时，应同时用木槌轻击模板，在钢筋密集处和模板边角处，应配合使用铁钎捣实。在拱部衬砌混凝土浇筑时，提前在振捣棒 100cm 长的位置，采用胶带缠绕刻痕进行标记，每层混凝土振捣时，根据振捣棒上的标记线进行控制振捣棒的插入深度，防止振捣棒触碰模板。

②附着式振捣器振捣。

附着振捣器振捣 4 次，每次振捣时间一般在 8~12s，振捣间隔约 15s，根据振捣程度当混凝土在模内泛浆流动或成水平状即可停振；不得在混凝土初凝状态时再振；当混凝土浇筑高度约达到两层附着振捣器中间位置时，开启本层振捣器振捣。

3）防水混凝土配合比设计及优化

（1）混凝土配合比设计

①设计目的。保证混凝土强度及耐久性满足结构设计要求，工作性能满足施工工艺要求，并且经济合理。

②设计要求。强度等级:C35;坍落度要求:180~220mm;胶凝材料最大用量:400kg/m³;最小用量:320kg/m³;56d电通量:<1200C;含气量:≥2%;泌水率(%):不泌水。

③原材料技术标准(表2-11)。

④混凝土配合比设计参数(表2-12)。

原材料技术标准　　　　　　　　　　表2-11

项目	技术标准
水泥	GB/T 208—2014、GB 175—2007、GB/T 176—2008、GB/T 8074—2008、GB/T 1346—2011、GB/T 17671—1999、GB/T 2419—2005、TB 10424—2010、TB/T 3275—2011
细集料	GB/T 14684—2011、TB 10424—2010、TB/T 3275—2011、TB/T 2922.1—1998、TB/T 2922.4—1998、TB/T 2922.5—2002
粗集料	GB/T 14685—2011、TB/T 2922.1—1998、TB/T 2922.4—1998、TB/T 2922.5—2002、TB 10424—2010、TB/T 3275—2011
水	宜采用饮用水,其他来源水应符合JGJ 63—2006、TB 10424—2010、TB/T 3275—2011规范要求
外加剂	GB 8076—2008、GB/T 8077—2012、GB/T 176—2008、TB 10424—2010、TB/T 3275—2011
粉煤灰	GB/T 1596—2017、GB/T 176—2008、TB 10424—2010、TB/T 3275—2011
矿渣粉	GB/T 208—2014、GB/T 18046—2008、GB/T 8074—2008、GB/T 176—2008

混凝土配合比设计参数　　　　　　　　表2-12

项　　目	要　　求
最大水胶比	0.45
最小胶凝材料用量(kg/m³)	≥320
最大胶凝材料用量(kg/m³)	≤400
坍落度(mm)	180~220
施工工艺	泵送
56d最大电通量(C)	<1200
56d氯离子扩散系数DRCM($\times 10^{-12}$m²/s)	—
三氧化硫含量(%)	≤4.0
气泡间距系数(μm)	—
抗渗等级	≥P12
抗蚀系数	—
含气量(%)	≥2%
泌水率(%)	不泌水

第2章 大断面明挖隧道防水技术创新与实践

续上表

项　　目	要　　求
氯离子总含量(%)	≤0.10
总碱含量(kg/m³)	≤3.0
抗碱-集料反应性	采用非碱活性集料

⑤所用原材料(表2-13)。

混凝土配合比设计参数　　　　表2-13

水泥			
产地	北京金隅琉水环保科技有限公司		
品种	P·O 低碱		
强度等级	42.5级		
细集料			
产地	曲阳县达铭建材有限公司		
种类	Ⅱ区中砂		
细度模数	2.7		
粗集料			
产地	涞水县福宝矿业有限公司		
种类	碎石(5~20mm 连续级配)		
规格(粒径)	5~10mm	10~20mm	16~31.5mm
掺配比例(%)	20	80	—
水			
来源	1号拌和站拌和水		
外加剂			
产地	江苏苏博特新材料股份有限公司		
种类	聚羧酸系高性能减水剂(缓凝型)		
掺量(%)	1.1		
掺合料			
产地	大唐同舟科技有限公司唐山分公司		
种类	粉煤灰　F类Ⅰ级		
掺量(%)	15.0		
掺合料			
产地	唐山唐龙新型建材有限公司		
种类	矿渣粉　S95		
掺量(%)	15.0		

⑥配合比计算。

a. 计算试配强度:$f_{cu,o}$(δ 取 5.0)

$f_{cu,o} = f_{cu,k} + 1.645 \times \delta = 35 + 1.645 \times 5.0 = 43.2 (MPa)$

b. 计算水胶比:

$W/B = aa \times fb/(f_{cu,o} + aa \times ab \times fb)$
$= 0.53 \times 0.85 \times 42.5 \times 1.16/(43.2 + 0.53 \times 0.20 \times 0.85 \times 42.5 \times 1.16) = 0.50$

c. 校核水胶比:

根据《普通混凝土配合比设计规程》(JGJ 55—2011)、《铁路混凝土结构耐久性设计规范》(TB 10005—2010),综合考虑现场混凝土工作性及耐久性等要求,并根据经验最终确定水胶比为 0.40。

d. 确定用水量:

根据设计坍落度及碎石最大粒径,查《普通混凝土配合比设计规程》(JGJ 55—2011)中表 5.2.1-2,根据经验确定用水量 $m_w = 229 kg/m^3$。

外加剂的减水率为 $\beta = 30.1\%$。

故掺外加剂后取用水量为 $m_{w0} = 229 \times (1 - \beta) = 229 \times (1 - 30.1\%) = 160 (kg/m^3)$

e. 计算胶材用量:

$m_{b0} = m_{w0}/(W/B) = 160/0.40 = 400 (kg/m^3)$

为降低混凝土水化热,改善混凝土和易性,采用 F 类 I 级粉煤灰和 S95 级矿渣粉等量取代部分水泥,粉煤灰取代量为 15.0%,粉煤灰用量为 $m_{p1} = 400 \times 15.0\% = 60 kg/m^3$,矿渣粉取代量为 15.0%,矿渣粉用量为 $m_{p1} = 400 \times 15.0\% = 60 kg/m^3$,故水泥用量为 $m_c = 400 - 60 - 60 = 280 (kg/m^3)$。

f. 减水剂用量:$400 \times 0.011 = 4.4 (kg/m^3)$。

g. 确定砂率:

根据水胶比、碎石最大粒径及坍落度,依经验选用砂率 $\beta_s = 45\%$。

h. 计算砂石用量:

假定每立方米的混凝土拌和物质量 $m_{cp} = 2400 kg/m^3$。

则根据公式 $m_c + m_{p1} + m_s + m_g + m_w + m_j = m_{cp}$,计算集料质量为:

$m_s + m_g = 2400 - 400 - 160 = 1840 (kg/m^3)$

$m_s = (m_s + m_g) \times \beta_s = 1840 \times 45\% = 828 (kg/m^3)$

$m_g = 1840 - 828 = 1012 (kg/m^3)$

由此得试拌基准配合比为:

水泥:粉煤灰:矿渣粉:砂:碎石:水:减水剂(kg/m^3) = 280:60:60:828:1012:160:

第2章 大断面明挖隧道防水技术创新与实践

$4.40 = 1.00:0.21:0.21:2.96:3.61:0.57:0.016$

i. 混凝土拌和物表观密度实测值与计算值误差 e：

$e = |\rho_{c,t} - \rho_{c,c}|/\rho_{c,c} = |2400 - 2400|/2400 = 0$

$e \leq 2\%$，配合比不需要进行校正。

j. 根据各原材料委外试验报告中有害物质含量，验证该基准配比，计算得混凝土中氯离子含量 $L = 0.032\%$，碱含量 $A = 1.3 \text{kg/m}^3$，三氧化硫含量 $SO_3 = 1.9\%$，均满足设计图纸、规范及设计要求。

k. 配合比的确定。混凝土配合比设计见表2-14。

混凝土配合比设计表 表2-14

配比编号	每方混凝土用料（kg/m³）								
	水胶比	水泥	粉煤灰	矿渣粉	细集料	粗集料1	粗集料2	减水剂	外加剂	水
JXSG3-ZJEHJ0-TPB-20180720-01	0.40	280	60	60	828	202	810	4.40	—	160
JXSG3-ZJEHJ0-TPB-20180720-01-1	0.35	319	69	69	785	200	798	5.03	—	160
JXSG3-ZJEHJ0-TPB-20180720-01-2	0.45	250	53	53	867	203	814	3.92	—	160

通过验证，编号为JXSG3-ZJEHJ0-TPB-20180720-01的配合比性能都能较好符合要求；编号为JXSG3-ZJEHJ0-TPB-20180720-01-1的配合比胶凝材料用量过高，不符合经济性；编号为JXSG3-ZJEHJ0-TPB-20180720-01-2的配合比强度低，混凝土拌和物包裹性稍差。

综合考虑强度、工作性、耐久性以及经济性的要求，依据《普通混凝土配合比设计规程》（JGJ 55—2011）、《铁路混凝土结构耐久性设计规范》（TB 10005—2010）等规范的规定，最终选定配比编号为JXSG3-ZJEHJ0-TPB-20180720-01的配比为最终配比。

(2) 混凝土配合比优化

2018年10月8日，进行了第一次衬砌混凝土浇筑，在现场浇筑过程中，发现配合比出机状态稍差，流动性较为不足，混凝土表面有大量大气泡，混凝土对石子的包裹性较差。停放1h后，坍落度损失20mm，扩展度损失90mm，流动性较差，不利于现场施工。

邀请相关专家对配合比进行了优化改进，优化的配合比经过验证，混凝土拌和物的黏聚性和包裹性都有了明显的改善，优化前后见图2-58、图2-59。出机流动度较好，石子裸露较少，混凝土拌和物表面大气泡明显减少，坍落度试验过程中无失浆现象。1h后坍落度损失15mm，扩展度损失60mm，流动性变化不大，同时，配合比优化后混凝土初凝时间明显延长，能够较好满足现场施工要求。优化前后混凝土配合比分别见表2-15、表2-16。

图2-58　优化后混出机状态　　　　　图2-59　优化后1h后的状态

优化前混凝土配合比　　　　　　　　　　　　　　　表2-15

材料名称	水泥（kg）	粉煤灰（kg）	矿粉（kg）	砂（kg）	碎石（kg）	碎石（kg）	水（kg）	外加剂（g）
产地	北京金隅	大唐同舟	唐山唐龙	曲阳达铭	涞水福宝	涞水福宝	固安县	江苏苏博特
规格	P.O42.5（低碱）	F类I级	S95	II区中砂	5~10mm	10~20mm	地下水	聚羧酸系高性能减水剂
用量(20L)	5.60	1.20	1.20	16.56	4.04	16.20	3.20	88.0
拌和物性能								
出机坍落度(mm)	1h坍落度(mm)	出机扩展度(mm)	1h扩展度(mm)	出机含气量(%)	1h含气量(%)	泌水率(%)	密度(kg/m³)	初凝时间
205	185	510	420	3.8	2.7	0	2430	7h35min

优化后混凝土配合比　　　　　　　　　　　　　　　表2-16

材料名称	水泥（kg）	粉煤灰（kg）	矿粉（kg）	砂（kg）	碎石（kg）	碎石（kg）	水（kg）	外加剂（g）
产地	北京金隅	大唐同舟	唐山唐龙	曲阳达铭	涞水福宝	涞水福宝	固安县	江苏苏博特
规格	P.O42.5（低碱）	F类I级	S95	II区中砂	5~10mm	10~20mm	地下水	聚羧酸系高性能减水剂
用量(20L)	5.60	1.20	1.20	16.56	2.02	18.22	3.20	88.0

第2章 大断面明挖隧道防水技术创新与实践

续上表

拌和物性能								
出机坍落度（mm）	1h坍落度（mm）	出机扩展度（mm）	1h扩展度（mm）	出机含气量（%）	1h含气量（%）	泌水率（%）	密度（kg/m³）	初凝时间
220	205	540	480	3.0	2.4	0	2410	10h5min

2.6 特殊地段的防水设计与施工

2.6.1 下穿永定河段隧道顶回填层防渗处理措施

下穿永定河段（DK51+120~DK52+660）隧道主体结构采用C35混凝土，防水抗渗等级不小于P12。

主体结构上部回填层从下至上依次为三七灰土、夯填土、黏土隔水层、种植土（图2-60）。其中，种植土、黏土隔水层回填厚度为0.5m，结构顶至冲刷高程回填三七灰土，三七灰土在碾压压实后有较强的强度，并起到防渗的作用。回填压实度不小于94%。回填种植土为原开挖基坑时清除地表种植土，收集备用；黏土严禁使用具有膨胀性的黏土。

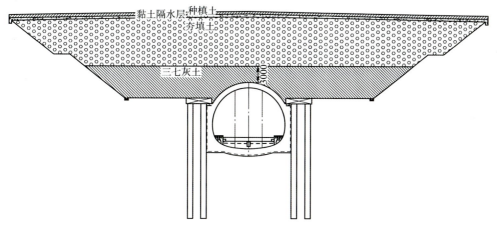

图2-60 永定河段隧道主体结构上部回填层回填示意图（尺寸单位：mm）

2.6.2 基底加固防沉降措施

下穿永定河段（DK51+120~DK52+660）隧道主体结构底采用高压旋喷桩进行地基加固，防止结构沉降变形过大，改善仰拱内力分布，防止运营期产生较大沉降,造成混凝土开裂和变形缝过宽导致防水材料破裂。

基底加固采用 ϕ850mm@600mm 三重管高压旋喷桩,沿隧道纵向通长布置。旋喷桩水泥掺量不小于450kg/m³,无侧限单轴抗压强度不小于2MPa。加固形式为裙边加固,加固宽度为墙角处3.25m×3.0m(宽×深)。

永定河段地基加固示意如图2-61所示。

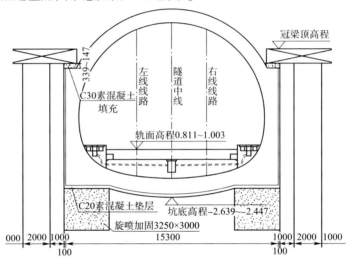

图2-61 永定河段地基加固示意图(尺寸单位:mm)

第 3 章　高速铁路深埋长大明挖隧道沉降控制技术创新

3.1　概　　述

3.1.1　明挖隧道沉降控制内容

高铁设计速度为350km/h,为保证列车的安全、高效、平稳以及舒适性等要求,需要合理的线形。经过多年的探索,线形的设计技术比较成熟,能满足列车运营的需求。高铁正常运营的关键在于线形的是否满足设计要求,而沉降就是线形控制的关键。

沉降控制内容较多,主要分为:①施工期沉降量、沉降差;②运营期的沉降量、沉降差、上浮量。高速铁路沉降控制的目标是控制总体沉降量,避免不均匀沉降。目前工程界普遍认为下卧软弱土层、临近隧道施工活动、地下水水位以及上部荷载变化等是造成隧道纵向不均匀沉降的主要原因。隧道沉降控制需从源头剖析隧道沉降以及不均匀沉降的原因,然后采取相应的控制措施。

3.1.2　明挖隧道沉降控制的主要方法

明挖隧道沉降控制主要有两种方法:①地基处理,根据天然地基承载能力、附加荷载或者不同构筑物连接需求,改善隧道下卧层地基承载特性;②隧道建设完成后,施工期间的沉降完成,铺轨阶段可根据已有沉降及剩余沉降量调整隧道不均匀沉降。

具体方法如下:
(1)地基处理

地基处理应根据实际地质、地形、地貌情况进行设计,地基处理时应以减少地基工后沉降,最大限度地消除不均匀沉降,追求不均匀沉降量为零的目标。天然地基不符合沉降要求时,可采取换填、地基改良或加固措施改善地基土层压缩性质,减少隧道沉降。此外,路基与桥涵等横向结构物过渡段、地层变化较大处和不同地基处理措施连接处,是路基不均匀沉降容易产生的部位,故采取逐渐过渡的方法,减少不均匀沉降,以满足轨道平顺性要求。地基处理措施的选用要充分考虑地基土特征、厚度及埋深。

(2)剩余沉降调节

隧道建成后,不均匀沉降可能在设计要求范围内,也有可能与设计值有较大误差。此时在无工作面加固隧道下卧层地基。但可以在铺轨阶段调节轨道面的高程,使得轨道最终的沉降量及不均匀沉降,满足列车的安全、高效、平稳及舒适性等要求。明挖暗埋隧道在该阶段已完成施工阶段沉降,只需合理评估剩余沉降,可完成隧道沉降控制。

3.2 明挖隧道沉降变形分析方法

3.2.1 明挖隧道沉降变形影响因素与控制指标

1)沉降变形影响因素

(1)京雄铁路隧道区间跨越区间长达7km,隧道埋深起伏大,埋深分布在3~16m,隧道衬砌厚度也由0.8m增加至1.6m,附加荷载与隧道结构差异大;沿线分布粉质黏土、粉土、粉细砂以及细砂,但地层组合多,且多为粉质黏土与工程力学特性较差的粉土、粉细砂互层,地层力学参数干扰因素多,沉降控制难度大。

(2)隧道断面尺寸大,平均面积约166m^2,浮力对隧道影响大,且不同地层地下水产生的浮力差异大,地下水变化幅度大,水位与隧道的关系复杂,稳定地下水位线对沉降影响较大。

(3)隧道施工期采取施工降水措施,轨道沉降的主要影响因素为被扰动的地基地层力学特性、隧道自重、上部填土自重及其力学特性。

(4)运营期在列车动荷载长期作用下,对隧道结构沉降影响大。

2)控制指标

根据《高速铁路设计规范》(TB 10621—2014)、《铁路工程沉降变形观测与评估技术规程》(Q/CR 9230—2016)等,沉降控制主要指标如下:

(1)对于路基工程

①填筑期间路堤中心地面沉降速率不应大于10mm/d,坡脚水平位移速率不应大于5mm/d。

②工后沉降不宜超过15mm。

③沉降比较均匀且调整轨面高程后的竖曲线半径能够满足$R_{sh} \geqslant 0.4V_{sj}^2$的要求时,允许的最大工后沉降量为30mm。

第3章 高速铁路深埋长大明挖隧道沉降控制技术创新

④过渡段不同结构物间的预测工后差异沉降不应大于5mm,不均匀沉降造成的纵向折角不应大于1/1000。

(2) 对于桥梁工程

桥梁墩(台)基础的工后沉降符合表 3-1 的规定。特殊条件下,无砟轨道桥梁沉降限值可结合预留调整量与线路具体情况确定。

桥梁墩(台)基础的工后沉降控制标准 表 3-1

沉 降 类 型	无砟轨道(mm)	沉 降 类 型	无砟轨道(mm)
墩(台)均匀沉降	≤20	相邻墩(台)沉降差	≤5

(3) 对于隧道工程

隧道不均匀沉降可参考路基工程,路基与桥梁、隧道或横向结构物交界处的工后差异沉降不应大于 5mm,不均匀沉降造成的折角不应大于 1/1000。

3.2.2 明挖隧道沉降计算模式

对于砂土等透水性良好的地层,地下水的影响有明确的认识,浮力为隧道衬砌上下面的压力差。对于弱透水性地层,地下水对其影响尚无定论,总体来说,有三种不同的结论:

①黏土中基础受到的浮力往往小于水头高度;

②黏性土基础受到的浮力与在砂土中相同;

③黏性土中基础不受浮力作用。

京雄城际铁路地层主要有粉质黏土、粉土、粉细砂以及细砂等地层组成,地层互层,整体渗透系数不大,一般为 0.05~2m/d,典型地层分布情况如图 3-1 所示。

图 3-1 典型地质剖面图(高程单位:m)

由于弱透水性地层的不确定性,导致隧道沉降计算难度大,沉降控制无可靠理论依据提供支撑,需开展浮力折减试验,研究不同水头压力下不同土层的浮力折减情况,得出浮力折减系数,进而提出不同埋深、不同下卧土层情况下的沉降计算模式。

1) 试验思路

通过埋设在浮力箱底部的孔压计以及渗流通道内的孔压计,对比孔压测试值与理论值,获取浮力折减系数。为反映一定土层厚度对浮力的影响设计了4m长的渗流通道。试验分为两个步骤:步骤一,为水的渗透过程,由于施工期的降水使得水位位于隧道底部以下,施工完成后,水位会慢慢恢复到施工前;步骤二,隧道底部土体饱和度达到一定程度时,隧道开始受到浮力,当土体完全饱和时,隧道所受浮力达到最大。

试验土样来自基坑底部,为真实反映土体力学特性,采用千斤顶按地层自重施加预压荷载。试验终止的判断方法为浮力箱达到平衡状态,浮力箱发生向上的位移。

2) 试验设计

根据试验设计思路,设计了一套直角U形管的试验装置。本装置主要由可一个加载箱、一个测试箱、一个渗流通道和三个出线口组成,如图3-2所示。

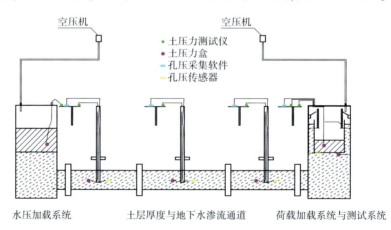

图3-2 直角U形管加压系统

(1) 加载箱

加载箱为上部有开口的0.5m×0.5m×1m的空心铁箱,上部开口主要方便试验准备时填土用,试验时上部开口用螺栓连接钢板和加载箱进行密封,加载箱与钢板间垫有密封橡胶垫。密封用钢板上有出线口和进气口,出线口用于内部测试仪器的出线,进气口用于空压机加压,其布置情况如图3-3所示。

(2)加载监测箱

加载监测箱大小与加载箱相同,箱体内放有定位箱和浮力箱,其密封原理和加载箱相同,也是通过压紧箱体和盖子之间的橡胶垫达到密封的目的。盖子上的出线口接土压力盒、位移计和孔压计,进气口接空压机,安装布置如图3-4所示。

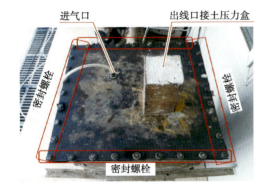 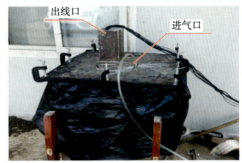

图3-3　加载箱图　　　　　　　　　图3-4　加载监测箱

浮力箱是平面尺寸为354mm×354mm的空心铁箱。为了监测浮力箱的位移,在箱体内部四个角处设置了4个定位片,采用位移计监测定位片的位移,当浮力箱有位移时,位移计可以立刻检测到位移变化。浮力箱样式如图3-5所示。

 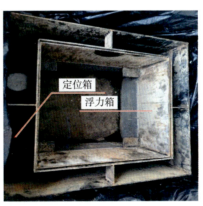

图3-5　浮力箱与定位箱

定位箱是用来固定浮力箱,目的是为了避免浮力箱上浮过程中的翻转,从而导致箱体与位移计脱开。定位箱是一个中心空心的方形钢盒,样式如图3-5所示,外部尺寸为500mm×500mm,空心部分尺寸为354mm×354mm。

(3)渗流通道和出线口

加载箱和加载监测箱之间用3m长的渗流通道连接,渗流通道是内径为180mm的钢管。出于运输和安装的限制,渗流通道由3节长度为1m的钢管连接组成,节段与节段之间由法兰盘连接,并在法兰盘间垫密封橡胶垫。每节节段上设有1个出线口,用于在渗流通道内埋设土压力盒和孔压计以及仪器设备的出线。出线口从加载测试箱到加载箱分别为1号出线口、2号出线口和3号出线口。出线口布置情况如图3-6所示。

图3-6 渗流通道及出线口

(4)加载及数据采集系统

①加载系统。

加载采用两台铁成DC661-900W空压机加压,该型空压机提供的气压范围为0.3~0.9MPa,在试验时配合减压阀使用可以长时间稳定提供试验所需的气压。空压机、油水分离器和减压阀采用串联的方式连接。

②土压力采集系统。

土压力盒采用YT-ZX-0300,采集系统为WKD3812多功能静态应变仪。采集系统稳定可靠,有以下特点:a.能够满足长时间(一周内)连续采集的需求;b.采集数据不仅记录了土压力,还记录对应的采集时间,便于数据分析。

③位移采集系统。

位移采集系统由位移计和位移数据采集系统组成,位移计型号为DP-WYJ-5000,数据采集系统采用YBY801。位移采集系统用于监测记录试验过程中浮力箱的位移,该系统配合磁性表座使用,安装方便,记录数据准确。

④孔隙水压力采集系统。

孔隙水压力采集系统由孔压计和数据采集软件组成,孔压计型号为YZ-100,数据采集软件为SYZ-100。孔压测试采集系统有如下特点:a.孔压计测读数据稳定,满足长时间测读的要求;b.能够随时查看数据,并且记录有数据采集时间便于数据分析。

3)试验步骤

试验为了更加真实地模拟隧道底部的情况,试验用土取自隧道底部土体,并针对不同埋深对试验土体进行了不同程度的压实,具体的试验流程如下。

第3章 高速铁路深埋长大明挖隧道沉降控制技术创新

（1）试验装置填土及安装：为了控制填土的密实度，试验填土取隧道底部土晒干后加水填装，粉质黏土加水到可塑状态，含水率控制在塑限范围，易于填土及夯实，粉土加水到稍湿状态，便于填土及压实。

①加载箱填土及安装：将加载箱摆正位置，分层填入试验土，并分层夯实，填土完成后用钢板、分离式油压千斤顶和吊带组成土体压实装置将土体再次压实，具体压实情况如图3-7所示。首先把填土顶部整平，将钢板垫在填土顶部，用千斤顶施加反力将土体压实。

图3-7　千斤顶压实土体

②渗流通道填土：设计了三个渗流通道用于监测数据，渗漏通道采用法兰盘连接，可重复利用，考虑密封性要求，在试验开展过程中采用混凝土密封渗漏通道。

③加载监测箱填土及安装：首先将连接加载监测箱与渗流通道螺栓，然后千斤顶和自制工装在加载监测箱内再次压实渗流通道内的土体，最后往加载监测箱内填土并压实。加载监测箱填土压实方法与加载箱相同，渗流通道土体再次压实方法为：将自制工装一头与土体接触，另一头与千斤顶接触，通过控制千斤顶力的反力压实土体（图3-8）。

图3-8　渗流通道土体压实

(2)试验土浸水饱和:在加载箱以及加载监测箱中加水至箱顶,静止一段时间(对于粉质黏土静置半个月,粉土静置 3~4d)使土体达到饱和。

(3)加载箱仪器安装及密封:将 5 号土压力盒放入加载箱中水和土的分界处,用于测量加载箱中的水压。盖板出线口处用 AB 胶封死,在盖板和箱体间放入橡胶垫并用螺栓压紧密封(图 3-9)。

(4)加载测试箱仪器安装:排除加载测试箱内多余的水,将 1 个土压力盒以及 2 个孔压计埋入土中,然后在土体表面垫一层塑料薄膜,在塑料袋上方放入定位箱和浮力箱,安装布置如图 3-10 所示。安装完浮力箱后在相应的位置安装位移计。

图 3-9 加载箱密封图　　　　　图 3-10 排出明水后放入塑料袋和定位箱

(5)开始加载:通过调节空压机输出气压的方式改变加载箱中的水头压力,从而实现加载箱与加载监测箱之间的不同水头差。加载箱体中的水头压力通过渗流通过中的饱和土体传递至浮力桶底部,使得浮力桶上浮。

试验时加载系统管线连接如图 3-11 所示,加载步骤为:①首先关闭 2 号阀门,打开 1 号阀门,将 1 号空压机压力调节至 P_0;②保持压力平衡后,关闭 1 号阀门,打开 2 号阀门及 2 号空压机,将 2 号空压机压力调节至 P_0;③最后将 1 号空压机压力升高至 P_1。

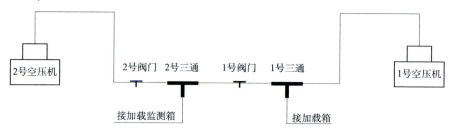

图 3-11 加载系统管线连接示意图

第3章 高速铁路深埋长大明挖隧道沉降控制技术创新

(6) 试验结束:通过观测位移计的监测数据判断试验是否结束,如果位移计读数有持续增长,就可以判定浮力桶已经浮起,试验结束。

4) 试验结果

(1) 结构埋深0m时试验数据分析

加载方案为:先将加载箱和加载监测箱同时加载到50kPa,等到1~5号孔压计稳定后再保持加载监测箱内的压力不变,将加载箱内的压力增加到100kPa直至浮力箱浮起。试验过程中孔隙水压力时程曲线、土压力时程曲线以及浮力箱位移时程曲线如图3-12、图3-13所示。

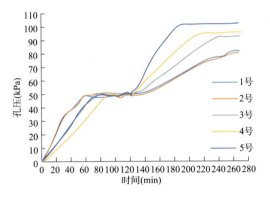

图3-12 孔隙水压力时程曲线表　　　图3-13 位移计时程曲线

由图3-12、图3-13可以得到以下几点结论:

① 结构浅埋于粉质黏土时水压的传递存在滞后现象,并且高水压下的滞后现象比低水压下的滞后现象明显。

② 结构的上浮过程比较快,在5min以内完成上浮。

③ 结构浅埋于粉质黏土时存在孔隙水压力折减的现象。上浮时2号孔隙水压力增长量为80kPa,浮力折减系数为0.8。

(2) 结构埋深10m时试验数据结果与分析

将试验装置内的土取出,重新填土压实,模拟结构埋深在10m时的工况。

加载方案为:先将加载箱和加载监测箱同时加载到50kPa,等到1~5号孔压计稳定后再保持加载监测箱内的压力不变,将加载箱内的压力增加到100kPa直至浮力箱浮起。试验过程中孔隙水压力时程曲线、土压力时程曲线以及浮力箱位移时程曲线如图3-14、图3-15所示。测试得到2号箱孔压约68kPa,折减系数约为0.68。

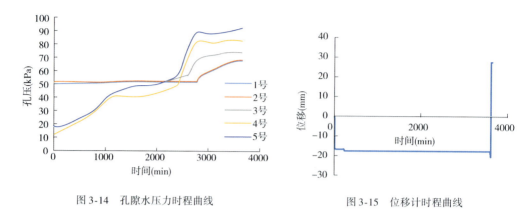

图 3-14 孔隙水压力时程曲线　　　　图 3-15 位移计时程曲线

(3) 结构埋深 30m 时试验结果分析

换掉加载监测箱中的土,重新压实渗流通道中的土体,回填加载监测箱土体并压实。

加载方案:受试验装置强度限制,仅在加载箱内加压加载到 100kPa,试验持续了 5000 多分钟。试验过程中孔隙水压力时程曲线、土压力时程曲线以及浮力箱位移时程曲线如图 3-16、图 3-17 所示。

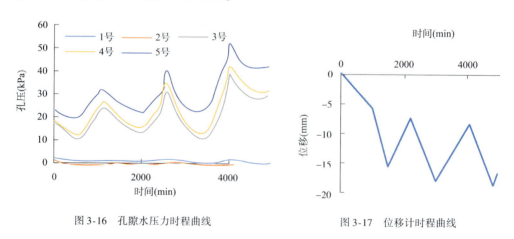

图 3-16 孔隙水压力时程曲线　　　　图 3-17 位移计时程曲线

加载箱子的压力加载到 75kPa 后,增长最大的 1 号孔压计也只增加到 157kPa,并且 1 号、2 号孔压计处的水压基本无变化,说明此层已经可以当作隔水层考虑,不用考虑浮力的影响,即浮力折减系数为 0。

(4) 粉土试验数据结果与分析

粉土也开展相同试验,得到试验曲线如图 3-18、图 3-19 所示。低水头下粉土中孔压的传递没有明显的延迟现象,在高水头时存在延迟现象,但埋深对粉土影响浮力折减系数影响较小,得到粉土浮力折减系数约为 0.76。

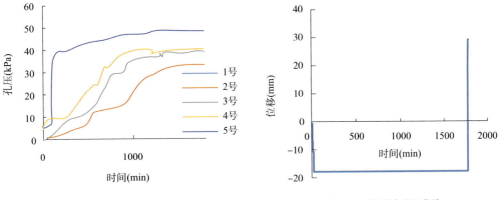

图 3-18　孔隙水压力时程曲线　　　　图 3-19　位移计时程曲线

5)结论

通过模型试验得到如下计算模式。

(1)附加荷载的计算主要与结构底部土体的土性及埋深有关。

(2)当埋深在 10m 左右,结构下部土层厚度大于 3m 时,当地下水位变化时,粉质黏土的折减系数为 0.68,粉土的浮力折减系数为 0.76,计算模式如图 3-20、图 3-21 所示。

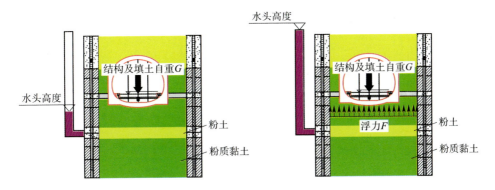

图 3-20　附加荷载 $P = G - \rho g V \times 0.68$(粉质黏土)

(3)当埋深在 30m 左右,结构下部土层厚度大于 3m、地下水水位变化时,粉质黏土相当于隔水层,结构无浮力,粉土的浮力折减系数为 0.76,计算模式如图 3-22、图 3-23 所示。

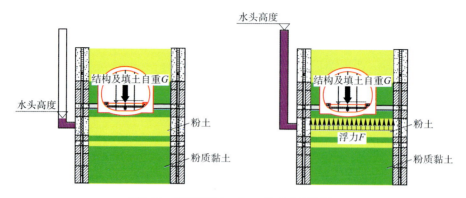

图 3-21　附加荷载 $P = G - \rho g V \times 0.76$（粉土）

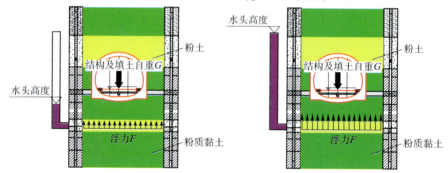

图 3-22　附加荷载 $P = G_0 - Sgh$（粉质黏土）

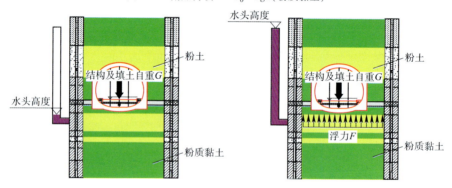

图 3-23　附加荷载 $P = G - \rho g V \times 0.76$（粉土）

3.2.3　沉降计算参数的选取

明挖暗埋隧道在填筑过程中隧道会产生压缩沉降，在运营过程中附加荷载的变化会导致隧道产生沉降，基底压缩模量为关键参数，隧道在浇筑过程中为干施工

第3章　高速铁路深埋长大明挖隧道沉降控制技术创新

环境,隧道运营后地下水水位恢复,由于隧道断面尺寸大,浮力的影响较大,基底以下的回弹模量也为关键参数。

开展地基以下载荷板试验以及回填模型试验为沉降控制提供关键参数。

1) 载荷板试验

按《建筑地基检测技术规范》(JGJ 340—2015)以及相关规范采用浅层平板载荷试验,得到地基承载力特征值及变形模量。

(1) 地基承载力特征值确定

①当在 p-s 曲线上有比例界限时,应取该比例界限所对应的荷载值;

②当极限荷载小于对应比例界限荷载值的 2 倍时,取极限荷载值的一半;

③当按相对变形值确定天然地基及人工地基承载力特征值时,可按表 3-2 规定的地基变形取值确定,且不应大于最大试验荷载的一半。

按相对变形值确定承载力特征值　　　　　　表 3-2

地 基 类 型	地 基 土 性 质	特征值对应的变形值 s_0
天然地基	高压缩性土	$0.015b$
	中压缩性土	$0.012b$
	低压缩性土和砂性土	$0.010b$
人工地基	中、低压缩性土	$0.010b$

注: b 表示载荷板宽度。

(2) 地基变形模量的确定

浅层平板荷载试验确定地基变形模量,可按式(3-1)计算:

$$E_0 = I_0(1-\mu^2)\frac{pb}{s} \tag{3-1}$$

式中: E_0——变形模量(MPa);

I_0——刚性承压板的形状系数,圆形承压板取 0.785;

μ——土的泊松比,碎石土可取 0.27,砂土可取 0.30,粉土可取 0.35,粉质黏土可取 0.38,黏土可取 0.42;

b——承压板直径(m);

p——p-s 曲线线性段的压力值(kPa);

s——与 p 对应的沉降量(mm)。

基底开展试验,如图 3-24、图 3-25 所示。

(3) 试验结果

各测点试验数据及试验结果如下:

图 3-24　现场平板荷载试验压重　　　　图 3-25　平板荷载试验加载系统

①DK52+800 试验结果。

DK52+800 地质剖面以及地基荷载试验的 p-s 曲线分别如图 3-26、图 3-27 所示。地层为粉土,可以得到变形模量为 16.14MPa,地基承载力为 214kPa。

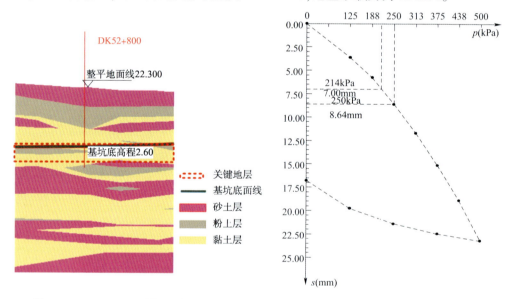

图 3-26　DK52+800 地质剖面(高程单位:m)　　　图 3-27　DK52+800 的 p-s 曲线

②DK50+660 试验结果。

DK50+660 地质剖面以及地基荷载试验的 p-s 曲线分别如图 3-28、图 3-29 所示。地质为粉质黏土,可以得到变形模量为 16.74MPa,地基承载力为 209kPa。

③DK50+300 试验结果。

DK50+300 地质剖面以及地基荷载试验的 p-s 曲线分别如图 3-30、图 3-31 ~

第3章 高速铁路深埋长大明挖隧道沉降控制技术创新

图3-33所示。地质为粉细砂,可以得到变形模量依次为10.3MPa、12.86MPa及11.19MPa,地基承载力分别为148kPa、177kPa及161kPa。

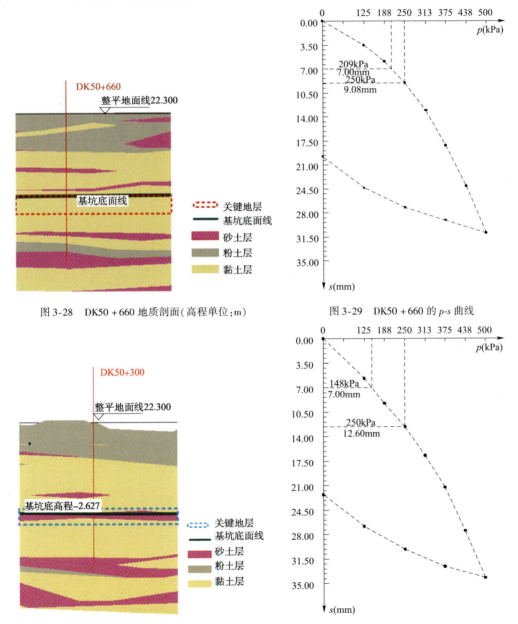

图3-28　DK50+660地质剖面(高程单位:m)

图3-29　DK50+660的p-s曲线

图3-30　DK50+300地质剖面(高程单位:m)

图3-31　DK50+300的p-s曲线(1)

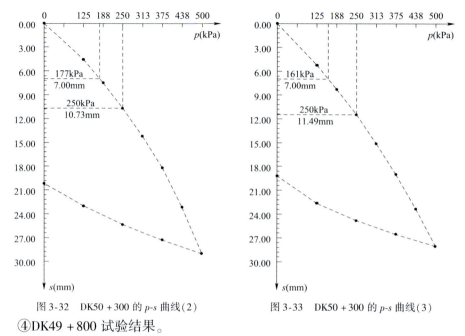

图 3-32　DK50+300 的 p-s 曲线（2）　　　图 3-33　DK50+300 的 p-s 曲线（3）

④DK49+800 试验结果。

DK49+800 地质剖面以及地基荷载试验的 p-s 曲线分别如图 3-34、图 3-35 所示。地质为粉质黏土，可以得到变形模量为 14.91MPa，地基承载力为 202kPa。

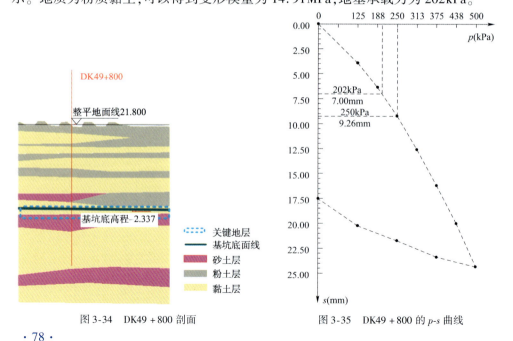

图 3-34　DK49+800 剖面　　　　　　　　图 3-35　DK49+800 的 p-s 曲线

第3章 高速铁路深埋长大明挖隧道沉降控制技术创新

⑤DK48+600试验结果。

DK48+600地质剖面以及地基荷载试验的 p-s 曲线分别如图3-36、图3-37所示。地质为粉土,可以得到变形模量为16.14MPa,地基承载力为214kPa。

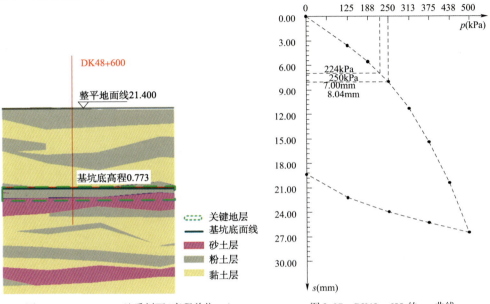

图3-36　DK48+600地质剖面(高程单位:m)　　　图3-37　DK48+600的 p-s 曲线

2)荷载板试验结论

各检测点的试验结果汇总如表3-3所示。推荐粉细砂的变形模量平均值为 $(10.33+12.86+11.19)/3=11.7(\mathrm{MPa})$,粉土变形模量为16.23MPa。粉质黏土变形模量为15.83MPa。

浅层平板荷载试验检测结果汇总表　　表3-3

检测部位	试验点号	最大加载量		地基承载力特征值		变形模量	试验点
		荷载(kPa)	沉降(mm)	荷载(kPa)	沉降(mm)	(MPa)	下卧土层
DK52+800	52800-1	500.0	23.2	214.0	7.0	16.14	粉土3-42
DK50+660	50660-1	500.0	30.95	209.0	7.0	16.74	粉质黏土5-33
DK50+300	50300-1	500.0	34.21	148.0	7.0	10.33	粉砂3-58
	50300-2	500.0	29.02	177.0	7.0	12.86	
	50300-3	500.0	28.05	161.0	7.0	11.19	
DK49+800	49800-1	500.0	24.37	202.0	7.0	14.91	粉质黏土3-32
DK48+600	48600-1	500.0	26.51	224.0	7.00	16.32	粉土3-42

3）回弹试验

根据《公路路基路面现场测试规程》(JTG E60—2008)以及相关规范,采用承载板法开展试验,试验设备和试验步骤严格按照相关规范执行。

(1) 土基各级荷载下回弹模量的确定

按下式计算相应于各级荷载下的土基回弹模量 E_i 值:

$$E_i = \frac{\pi D}{4} \cdot \frac{p_i}{L_i}(1 - \mu_0^2) \tag{3-2}$$

式中:E_i——相应于各级荷载下的土基回弹模量(MPa);

μ_0——土的泊松比,碎石土可取 0.27,砂土可取 0.30,粉土可取 0.35,粉质黏土可取 0.38,黏土可取 0.42;

D——承载板直径,取 30cm;

p_i——承载板压力(MPa);

L_i——相对于荷载 p_i 时的回弹变形(cm)。

(2) 土基回弹模量的确定

取结束试验前的各回弹变形值按线性回归方法由下式计算土基回弹模量 E_0 值。

$$E_0 = \frac{\pi D}{4} \cdot \frac{\sum p_i}{\sum L_i}(1 - \mu_0^2) \tag{3-3}$$

式中:E_0——土基回弹模量(MPa);

μ_0——土的泊松比,碎石土可取 0.27,砂土可取 0.30,粉土可取 0.35,粉质黏土可取 0.38,黏土可取 0.42;

L_i——结束试验前的各级实测回弹变形值;

p_i——对应于 L_i 的各级压力值。

(3) 试验结果

各测点的试验数据和试验结果如下:

①DK52+800 试验结果。

DK52+800 部位共检测 4 个点,其中线左设置两个试验点,中线和线右各设置一个试验点,DK52+800 的地质剖面如图 3-38 所示,试验地层为粉土层,地层编号为 3-42。

DK52+800 的承载板压力-回弹变形曲线如图 3-39 所示。该部位线左第一试验点的土基回弹模量为 48.26MPa,线左第二试验点的土基回弹模量为 55.17MPa,中线试验点的土基回弹模量为 58.81MPa,线右试验点的土基回弹模量为 54.09MPa。

第3章 高速铁路深埋长大明挖隧道沉降控制技术创新

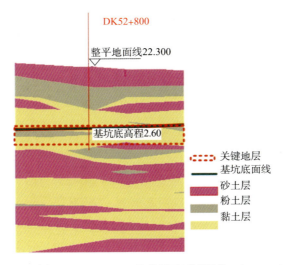

图3-38 DK52+800 地质剖面(高程单位:m)

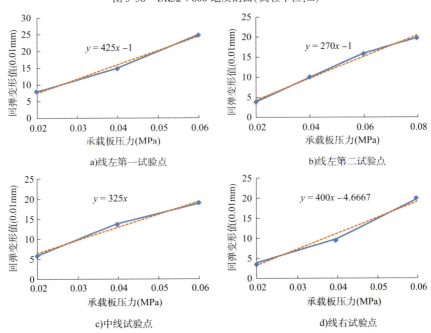

a)线左第一试验点   b)线左第二试验点

c)中线试验点   d)线右试验点

图3-39 DK52+800 承载板压力-回弹变形曲线

②DK50+660试验结果。

DK50+660共检测3个点,其中线左布置一个试验点,中线布置两个试验点,DK50+660的地质剖面如图3-40所示,试验地层为粉质黏土,地层编号为5-33。

复杂环境下高速铁路长大明挖隧道建造技术创新实践

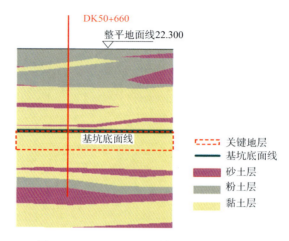

图 3-40　DK50+660　地质剖面(高程单位:m)

DK50+660 的承载板压力-回弹变形曲线如图 3-41 所示。该部位线左试验点的土基回弹模量为 52.52MPa,中线第一试验点的土基回弹模量为 52.52MPa,中线第二试验点的土基回弹模量为 67.20MPa。

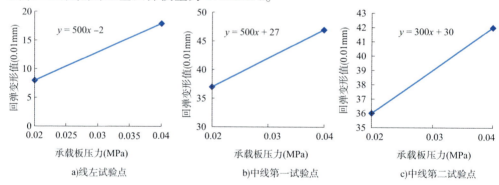

a)线左试验点　　　　　　　b)中线第一试验点　　　　　　　c)中线第二试验点

图 3-41　DK50+660 承载板压力-回弹变形曲线

③DK50+300 试验结果。

DK50+300 部位共检测 4 个点,其中线左和线右各布置一个试验点,中线布置两个试验点,DK50+300 的地质剖面如图 3-42 所示,试验地层为粉砂层,地层编号 3-58。

DK50+300 的承载板压力-回弹变形曲线如图 3-43 所示,该部位线左试验点的土基回弹模量为 33.17MPa,该点中线第一试验点的土基回弹模量为 41.72MPa,该点中线第二试验点的土基回弹模量为 44.64MPa,该部位线右试验点的土基回弹模量为 46.13MPa。

第3章 高速铁路深埋长大明挖隧道沉降控制技术创新

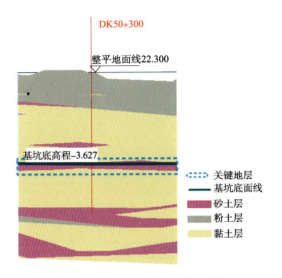

图 3-42　DK50＋300 地质剖面（高程单位：m）

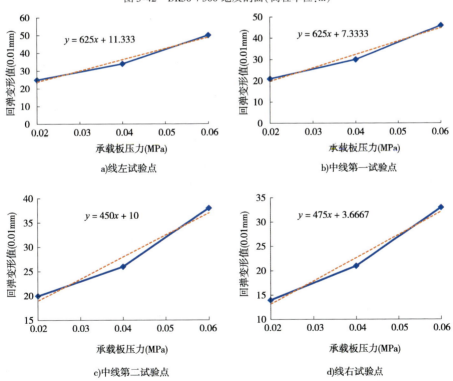

a) 线左试验点

b) 中线第一试验点

c) 中线第二试验点

d) 线右试验点

图 3-43　DK50＋300 承载板压力－回弹变形曲线

④DK49+800试验结果。

DK49+800部位共检测4个点,其中线左和线右各布置一个试验点,中线布置两个试验点,DK49+800的地质剖面如图3-44所示,试验地层为粉质黏土,地层编号为3-32。

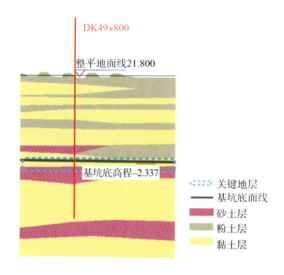

图 3-44　DK49+800 地质剖面

DK49+800承载板压力-回弹变形曲线如图3-45所示,该部位线左试验点的土基回弹模量为37.91MPa,该点中线第一试验点土基回弹模量为48.20MPa,中线第二试验点土基回弹模量为36.59MPa,该部位线右试验点的土基回弹模量为42.23MPa。

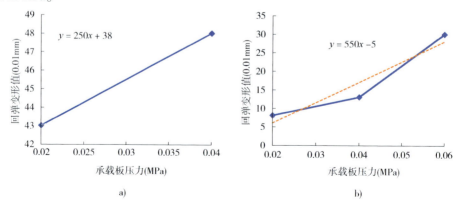

图　3-45

第3章 高速铁路深埋长大明挖隧道沉降控制技术创新

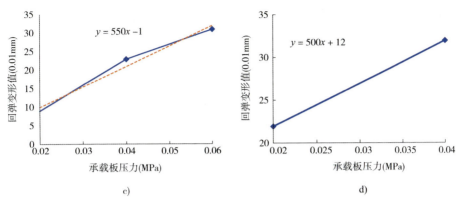

图 3-45 DK49+800 承载板压力 – 回弹变形曲线

4）试验结论

地基回弹试验共检测了 4 个部位 16 个点，每个部位去除偏离最大值，取其他点的平均值为最终的地层回弹模量，试验的关键地层和回弹模量结果如表 3-4 所示。

回弹模量检测结果汇总　　　　　　　　　　　表 3-4

测 试 位 置	测点下卧土层	回弹模量（MPa）
DK52+800	粉土 3-42	56.02
DK50+660	粉质黏土 5-33	52.52
DK50+300	粉砂 3-58	44.17
DK49+800	粉质黏土 3-32	40.07

3.2.4 计算方法验证

监测隧道沉降论证计算方法是否可靠，分别选取砂土地层、粉土地层以及粉质黏土地层剖面，验证沉降计算模式的可靠性。

1）互层地层砂土下卧层

选取断面 DK48+460 进行模拟计算，计算剖面如图 3-46 所示，该断面上覆土 6.6m，基底以下为 3.9m 细砂层。建立二维有限元模型，依据载荷板试验的结论，基底地层细砂层变形模量取 11.7MPa，其余地层参数与地勘资料一致，边界条件符合设计要求，如图 3-47~图 3-49 所示。

计算结果显示，不考虑浮力作用时，基底平均沉降量为 22.27mm，按地勘水位线考虑浮力后得到的基底平均沉降量为 13.76mm。根据监测结果,该断面最终基底平均沉降量为 15.42mm。对比结果为:不考虑浮力作用时,误差为 +44.42%,按地勘水位线考虑浮力后,误差为 -10.76%。可见地下水位浮力影响较大,计算模式得到的结果可接受。

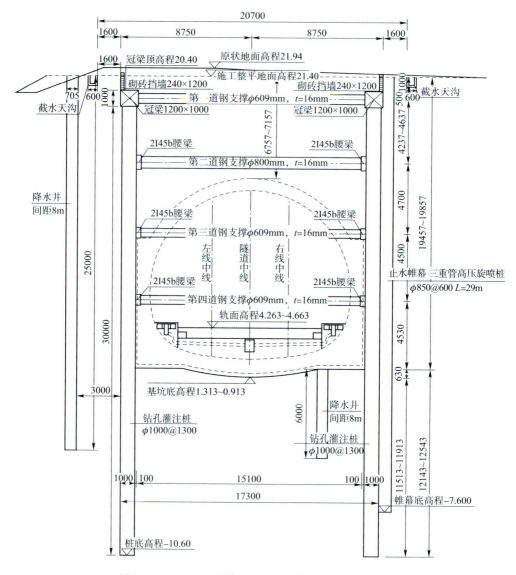

图 3-46　DK48+460 计算剖面(尺寸单位:mm;高程单位:m)

第 3 章 高速铁路深埋长大明挖隧道沉降控制技术创新

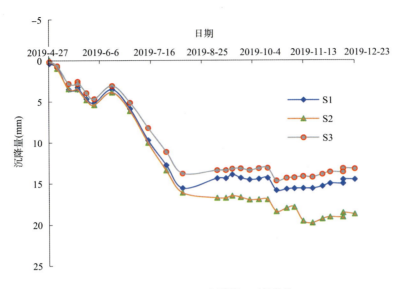

图 3-47　DK48+465 沉降量-时间曲线

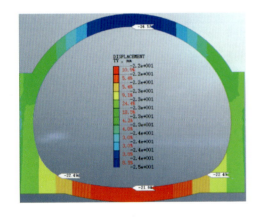

图 3-48　未考虑浮力的沉降量(单位:mm)

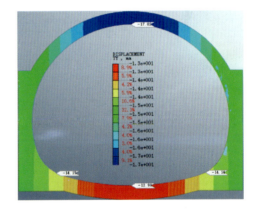

图 3-49　浮力作用后沉降量(设计水位)(单位:mm)

2) 互层地层粉土下卧层

剖面 DK48+260(图 3-50) 基底以下的关键地层为粉土 3-42,采用原位试验得出的变形模量值 16.23MPa 进行模拟计算,其余地层参数与地勘资料一致,边界条件符合设计要求,如图 3-51 所示。

在 DK48+262 剖面分别计算未考虑浮力沉降以及折减浮力情况下的两种工况沉降量,得到计算结果如图 3-52、图 3-53 所示。

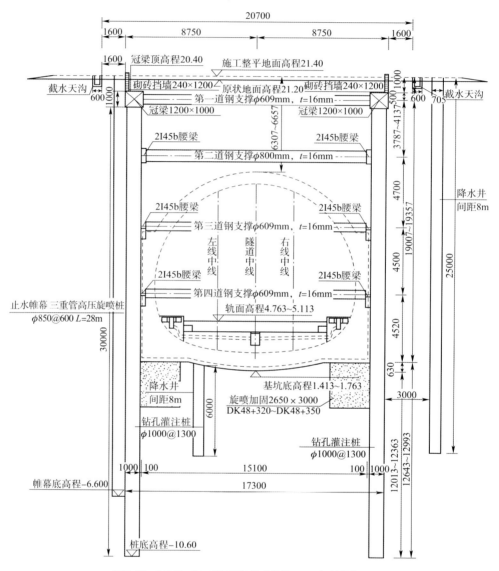

图 3-50　DK48+260 剖面图(尺寸单位:mm;高程单位:m)

不考虑浮力工况,下部平均沉降值为 42.59mm,考虑浮力折减时,平均沉降量为 17.54mm;实际监测值为 13.58mm。对比结果:不考虑浮力作用时,误差为 +213.6%;浮力折减时,误差为 +29.1%。浮力折减计算结果偏大,地下水位浮力影响较大,计算结果可接受。

第3章 高速铁路深埋长大明挖隧道沉降控制技术创新

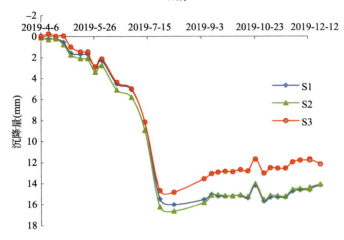

图 3-51 DK48+262 沉降量-时间曲线

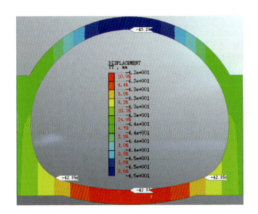

图 3-52 不考虑浮力工况的沉降量(单位:mm)

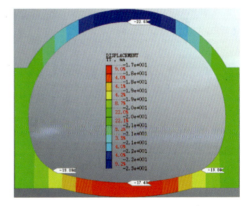

图 3-53 考虑折减浮力计算模式工况的沉降量(单位:mm)

3)互层地层粉质黏土下卧层

剖面 DK47+575(图 3-54)基底以下的关键地层为粉质黏土 3-32,采用原位试验得出的变形模量值 14.91MPa 进行模拟计算,其余地层参数与地勘资料一致,边界条件符合设计要求,如图 3-55 所示。

在 DK47+575 剖面分别计算不考虑浮力、浮力不折减、采用 10m 埋深浮力计算模式和采用 30m 埋深浮力计算模式四种工况,得到计算结果如图 3-56~图 3-59 所示。

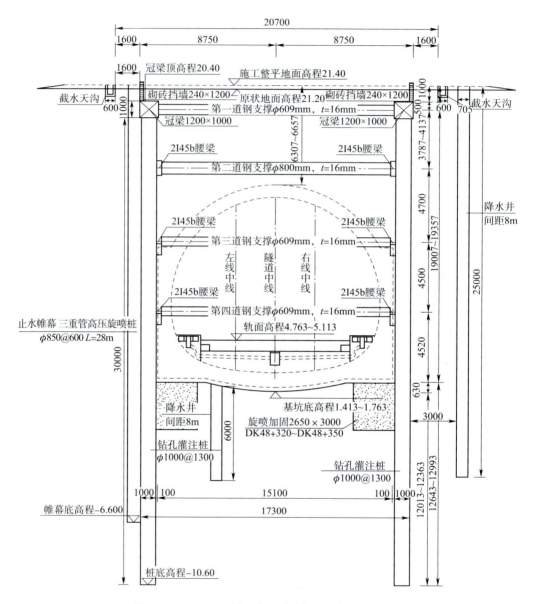

图 3-54 DK47+575 剖面图(尺寸单位:mm;高程单位:m)

不考虑浮力工况,计算得到沉降值为 27.84mm;浮力不折减工况,平均沉降值为 19.37mm;考虑 10m 埋深计算模式下的浮力影响工况,平均沉降值为 22.66mm;

第3章 高速铁路深埋长大明挖隧道沉降控制技术创新

考虑30m埋深计算模式下的浮力影响工况,下部平均沉降值:10.47mm。实际监测值数据为9.5mm。对比结果:不考虑浮力作用时,误差为+193%;浮力不折减时,误差为+104%;浮力折减(按埋深10m考虑)时,误差为+138%;按30m埋深计算模式工况,误差为+10.2%。可见30m埋深计算模式计算结果与实测值匹配。

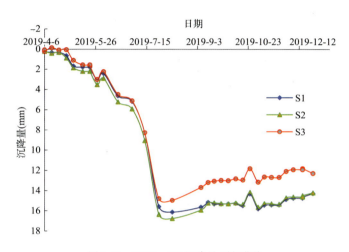

图 3-55 DK47+557 沉降量-时间曲线

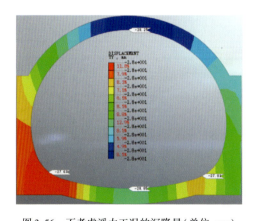

图 3-56 不考虑浮力工况的沉降量(单位:mm)

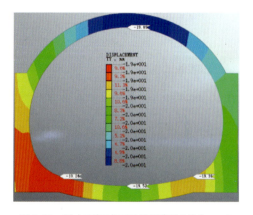

图 3-57 浮力不折减工况的沉降量(单位:mm)

4)结论

(1)对于砂性土,计算误差为-10.76%~+44.42%,其误差的大小受地下水水位浮力影响较大,但计算模式得到的结果是可接受的。

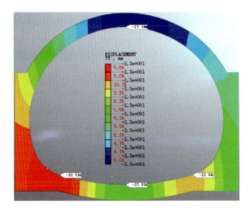 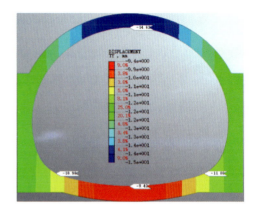

图 3-58 采用 10m 埋深浮力计算模式工况的沉降量(单位:mm)　　图 3-59 采用 30m 埋深浮力计算模式工况的沉降量(单位:mm)

(2)对于粉土按本书所提浮力折减时,误差为 +29.1%;但浮力不折减时,误差为 213.6%。本书所提浮力折减计算结果较实际监测值偏大,计算结果误差较小,计算结果可接受。

(3)对于粉质黏土:浮力不折减时,误差为 +104%;浮力折减(按埋深 10m 考虑)时,误差为 +138%;按计算模式工况,误差为 +10.2%。可见 30m 埋深所得计算模式计算结果与实测值匹配。

综上所述,本书所提浮力折减计算方法计算值与实际比较匹配,可以用于沉降预测与分析,便于沉降控制。

3.3　明挖隧道沉降控制措施

3.3.1　地基处理控制沉降

1)地基承载力不足地段

(1)基底加固原则

对于隧道段基坑内地层承载力特征值小于 160kPa 的地段,为防止运营期产生较大沉降,改善仰拱内力分布,同时为满足基坑抗倾覆稳定性、增加基坑内侧被动土压力,采用三重管高压旋喷桩进行基底满堂或裙边加固。

(2)加固段落

基底处理段落详见表 3-5。

第3章 高速铁路深埋长大明挖隧道沉降控制技术创新

基底处理段落 表3-5

序号	起始里程	终点里程	长度(m)	备 注
1	DK48+320	DK48+400	80	裙边(墙角处2.65m宽×3.0m深)
2	DK50+940	DK51+000	60	裙边(墙角处2.65m宽×3.0m深)
3	DK51+000	DK51+100	100	满堂(3.0m深)
4	DK51+100	DK52+769	1669	裙边(墙角处3.25m宽×3.0m深)
5	DK52+920	DK53+300	380	裙边(墙角处2.65m宽×3.0m深)
	合计		2289	

（3）加固方案

基底加固位置如图3-60所示。基底加固采用 $\phi 850mm@600mm$ 三重管高压旋喷桩，沿加固段落纵向通长布置，旋喷桩水泥掺量不小于450kg/m³，单轴抗压强度不小于2MPa。

（4）加固效果分析

采用推荐方法得到，加固措施采用前后沉降对比如图3-61所示。

未采取加固措施时，浮力作用后，基底沉降量为10.1mm。采取加固措施后，浮力作用后，基底沉降量为9.91mm，对比发现，裙边加固的沉降控制效果有限。

2）隧道基底存在软弱下卧层地段

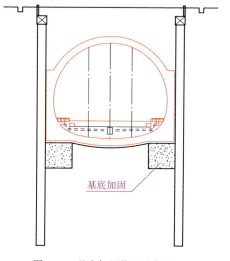

图3-60　基底加固位置示意图

（1）加固原则

对于隧道段基坑底板以下5m范围存在粉砂地层等软弱下卧层，采用旋喷桩进行基底加固。

（2）加固段落

隧道软弱下卧层加固段落详见表3-6。

（3）加固方案

基底加固采用 $\phi 850mm@600mm$ 三重管高压旋喷桩，加固深度为基底以下5m，布置方式三桩一组，3m×3m交错布置。旋喷桩水泥掺量不小于450kg/m³，单轴抗压强度不小于2MPa。

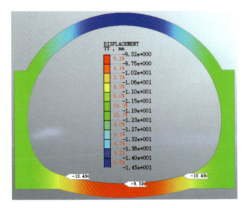
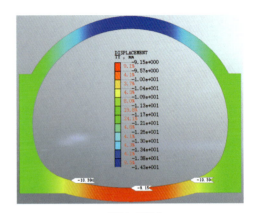

a) 未采取加固措施　　　　　　　　　　　b) 采取加固措施

图 3-61　基底沉降量数值模拟结果(单位:mm)

隧道软弱下卧层加固段落　　　　　　　　　　表 3-6

序　号	起始里程	终点里程	长度(m)
1	DK48+400	DK48+460	60
合计			60

(4)加固效果分析

采用推荐方法得到,加固措施采用前后沉降对比如图 3-62 所示。

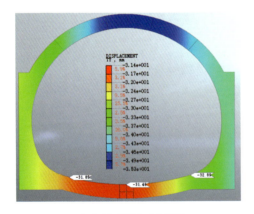
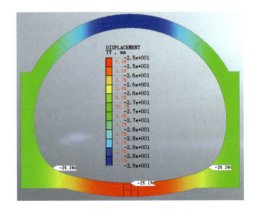

a)未采取加固措施的沉降量　　　　　　b)基地以下5m进行加固后的沉降量

图 3-62　基底沉降量数值模拟结果(单位:mm)

未采取加固措施时,基底沉降量为 31.3mm;采取加固措施后,基底沉降量为 25.6mm,沉降量减小 18%。

第3章 高速铁路深埋长大明挖隧道沉降控制技术创新

3)隧道下穿永定河北堤段

隧道在DK50+990~DK51+120段下穿永定河北堤。隧道与北堤相交中心里程为DK51+055,水平交角约为71.24°,大堤按规划高程恢复后隧道覆土厚度约20m,属于超高填方隧道。

为防止上方大堤恢复后对隧道产生较大的沉降影响,拱墙下部设置1.2@3.0m,深34m钻孔灌注桩基础,桩顶设置1m高纵向承台。在隧道顶部设置1m厚盖板,盖板与基坑侧壁围护桩相连,通过围护结构分担部分顶部填土荷载。

桩基加固位置如图3-63所示。

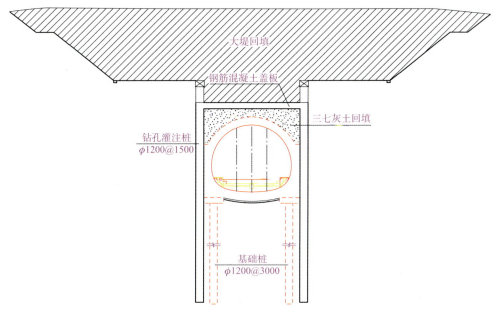

图3-63 桩基加固位置示意图

加固措施采用前后基底沉降对比如图3-64所示。

未采取加固措施时,按水头高度在黏土层底部施加浮力后,沉降量为9mm。采取加固措施时,沉降量为1.6mm。

通过对比发现,未施加浮力前,加固措施导致沉降量减小了45.6%;施加浮力后,加固措施导致沉降量减小了82.2%。综上所述,拱墙下部设置1.2@3.0m,深34m钻孔灌注桩基础,桩顶设置1m高纵向承台。在隧道顶部设置1m厚盖板的整体加固措施效果显著。

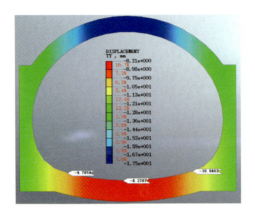 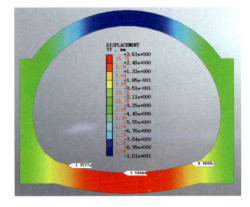

a) 未采取加固措施　　　　　　　　　b) 采取加固措施

图 3-64　基底沉降量数值模拟结果（单位：mm）

3.3.2　铺轨沉降调节

1）互层地质砂土下卧层

DK48+460 截面附近沉降监测点的围护结构剖面和沉降-时间曲线如图 3-46、图 3-47 所示。由沉降曲线可知，该剖面在 2019 年 8 月 10 日前隧道都以较为均匀的速度沉降，截至 2019 年 12 月 23 日沉降监测点 S1 累积沉降值为 14.53mm，沉降监测点 S2 累积沉降值为 18.73mm，沉降监测点 S3 累积沉降值为 13.2mm，平均累积沉降值为 15.49mm。

（1）分层总和法

①铺轨前沉降计算。

回填土基底附加压力为：$p_0 = \gamma d = 139\text{kPa}$，水位回升后的基底附加压力 p'_0：$p'_0 = \gamma d - \beta F = 79\text{kPa}$。计算结果如表 3-7 所示。

计算结果汇总　　　　　　　　　　表 3-7

工　　况	监测数据平均值 （mm）	不考虑地下水时的沉降 （mm）	考虑地下水时的沉降 （mm）	修正系数 ξ
沉降值 s	15.49	17.66	10.01	1.55

②铺轨后沉降预测以及沉降量控制。

铺轨后列车运营时，施加的基底附加压力 p''_0 为：$p''_0 = \gamma d - \beta F + F_r = 101\text{kPa}$。

计算沉降量为 12.73mm，采用铺轨前的沉降修正系数 1.55，得到最终沉降值为：

第3章 高速铁路深埋长大明挖隧道沉降控制技术创新

$S = \xi \bar{s} = 1.55 \times 12.73 = 19.73 (\text{mm})$

（2）数值仿真

①铺轨前沉降计算。

采用推荐计算方法，得到结果如图3-65所示。

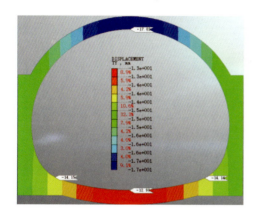

a) 受浮力工况 b) 车载作用工况

图3-65 基底沉降量（单位：mm）

根据上图计算结果得出：受浮力工况下衬砌下部沉降值为13.76mm；列车荷载作用下衬砌下部沉降值为17.23mm；实际监测数据为15.49mm。根据模拟结果表明：采用沉降计算模式所得沉降比实际值低11%，见表3-8。

计算结果汇总表   表3-8

工况	监测数据平均值(mm)	考虑地下水时的沉降(mm)	修正系数 ξ
沉降值 $\bar{s}$	15.49	13.76	1.13

②铺轨后沉降预测以及沉降量控制。

铺轨后列车运营时，计算沉降量为17.23mm，采用铺轨前的沉降修正系数为1.13，得到最终沉降值为：$S = \xi \bar{s} = 1.13 \times 17.23 = 19.47 (\text{mm})$。

（3）固结周期评估

以大规模填筑加载为监测原点，整理观测沉降曲线如下：采用双曲线拟合得到沉降曲线如图3-66所示，其中公式为 $y = x/(2.11 + 0.063x)$，可以看出由于粉质黏土－粉土－粉细砂互层地层，沉降曲线比理论上的沉降曲线速率快并较快收敛，55d时，互层地层固结周期为90%，而理论上的固结度为52%，推荐该地层的固结周期为55d。

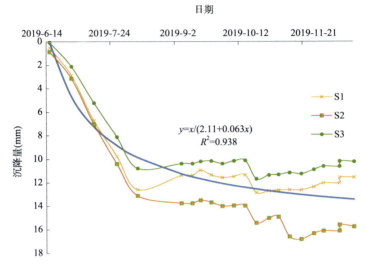

图 3-66 DK48+465 剖面沉降监测数据拟合结果

(4) 小结

提出互层地质砂土下卧层采用分层总和法得到修正系数为 1.55，数值仿真得到修正系数为 1.13。采用两种不同的计算方法得到互层地质砂土下卧层最终沉降量为 19.5～19.7mm，铺轨后沉降量为 4～4.2mm，固结周期为 55d，铺轨时可以此为依据调节轨道高度。

2) 互层地质粉土下卧层

DK48+260 截面附近沉降监测点的围护结构剖面和沉降-时间曲线分别如图 3-50、图 3-51 所示。由沉降曲线可知，该剖面在 2019 年 7 月 26 日前隧道都以较快的速度沉降，截至 2019 年 12 月 23 日沉降监测点 S1 累积沉降值为 14.21mm，沉降监测点 S2 累积沉降值为 14.14mm，沉降监测点 S3 累积沉降值为 12.22mm，平均累积沉降值为 13.52mm。

(1) 分层总和法

① 铺轨前沉降计算。

回填土基底附加压力为：$p_0 = \gamma d = 141.8$ kPa，水位回升后的基底附加压力 p'_0 为：$p'_0 = \gamma d - \beta F = 109.2$ kPa。计算结果见表 3-9。

计 算 结 果 汇 总　　　　表 3-9

工　况	监测数据平均值（mm）	考虑地下水时的沉降（mm）	修正系数 ξ
沉降值 s	13.52	9.62	1.41

第3章 高速铁路深埋长大明挖隧道沉降控制技术创新

②铺轨后沉降预测以及沉降量控制。

铺轨后列车运营时,施加的基底附加压力 p''_0 为:$p''_0 = \gamma d - \beta F + F_r = 131.4 \mathrm{kPa}$。

计算沉降量为 11.57mm,采用铺轨前的沉降修正系数 1.41,得到最终沉降值为:$S = \xi \bar{s} = 1.41 \times 11.57 = 17.0(\mathrm{mm})$。

(2)数值仿真

①采用推荐计算方法,得到结果如图 3-67 所示。

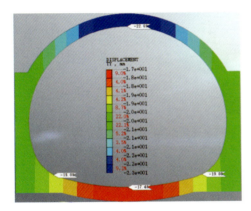 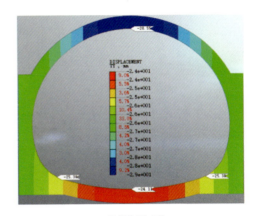

a)受浮力工况　　　　　　　　　　　　　　b)车载作用工况

图 3-67　基底沉降量(单位:mm)

根据上图计算结果得出:受浮力工况下衬砌下部沉降值为 17.54mm(表 3-10);列车荷载作用下衬砌下部沉降值为 24.96mm;实际监测数据为 13.58mm。根据模拟结果表明采用沉降计算模式所得沉降比实际值高 29.2%。

计算结果汇总　　　　　表 3-10

工　况	监测数据平均值 (mm)	不考虑地下水时的沉降 (mm)	考虑地下水时的沉降 (mm)	修正系数 ξ
沉降值 $\bar{s}$	13.52	42.59	17.54	0.77

②铺轨后沉降预测以及沉降量控制。

铺轨后列车运营时,计算沉降量为 24.96mm,采用铺轨前的沉降修正系数为 0.77,得到最终沉降值为:$S = \xi \bar{s} = 0.77 \times 24.96 = 19.22(\mathrm{mm})$。

(3)固结周期评估

以大规模填筑加载为监测原点,整理观测沉降曲线如图 3-68 所示。采用双曲线拟合得到沉降曲线如下,其中公式为 $y = x/(1.95 + 0.069x)$。可以看出,由于粉质黏土－粉土－粉细砂互层地层下卧层为粉土时,沉降曲线比理论上的沉降曲线速率快并较快收敛,55d 时,互层地层固结周期为 99%,而理论上的固结度为 75%,推荐该地层的固结周期为 55d。

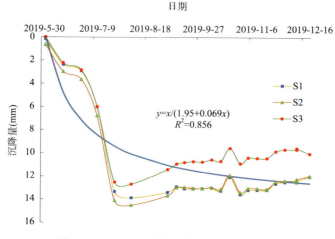

图 3-68　DK48+262 剖面沉降监测数据拟合结果

(4)小结

提出互层地质粉土下卧层采用分层总和法得到修正系数为 1.41,数值仿真得到修正系数为 0.77。采用两种不同的计算方法得到互层地质粉土下卧层最终沉降量为 17.0～19.2mm,铺轨后沉降量为 3.5～5.7mm,固结周期为 55d,铺轨时可以此为依据调节轨道高度。

3)互层地质粉质黏土下卧层

DK47+575 截面附近沉降监测点的沉降－时间曲线和围护结构剖面分别如图 3-69、图 3-70 所示。由沉降曲线可知,该剖面在 2019 年 7 月 19 日前隧道都以较为均匀的速度沉降,截至 2019 年 12 月 23 日沉降监测点 S1 累积沉降值为 9.97mm,沉降监测点 S2 累积沉降值为 9.79mm,沉降监测点 S3 累积沉降值为 8.74mm,平均累积沉降值为 9.50mm。

(1)分层总和法计算最终沉降

①铺轨前沉降计算。

回填土基底附加压力:$p_0 = \gamma d = 115.6 \text{kPa}$。

水位回升后的基底附加压力:$p'_0 = \gamma d - \beta F = 103.4 \text{kPa}$。

计算结果见表 3-11。

第3章 高速铁路深埋长大明挖隧道沉降控制技术创新

图3-69 DK47+557剖面沉降监测数据

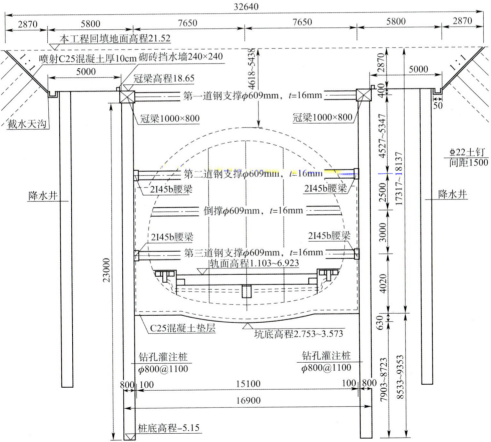

图3-70 DK47+575计算剖面(尺寸单位:mm,高程单位:m)

计算结果汇总　　　　　　　　　　　　表3-11

工况	监测数据平均值（mm）	不考虑地下水时的沉降（mm）	考虑地下水时的沉降（mm）	修正系数 ξ
沉降值 $\bar{s}$	9.50	8.68	7.76	1.22

②铺轨后沉降预测以及沉降量控制。

铺轨后列车运营时,施加的基底附加压力: $p''_0 = \gamma d - \beta F + F_r = 125.2\text{kPa}$。

计算沉降量为9.4mm,采用铺轨前的沉降修正系数1.22,得到最终沉降值 $S = \xi \bar{s} = 1.22 \times 9.4 = 11.47(\text{mm})$。

（2）数值仿真计算最终沉降

①铺轨前沉降计算。

采用推荐计算方法,得到基底沉降量的计算结果如图3-71所示。

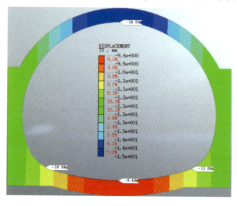
a) 受浮力工况

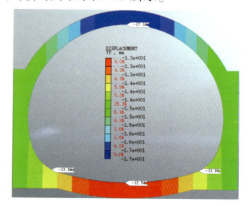
b) 车载作用工况

图3-71　基底沉降量(单位:mm)

根据图3-71计算结果得出:受浮力工况下衬砌下部沉降值为10.47mm;列车荷载作用下衬砌下部沉降值为13.41mm;实际监测数据为9.50mm。根据模拟结果表明采用沉降计算模式所得沉降比实际值高10.2%,见表3-12。

计算结果汇总　　　　　　　　　　　　表3-12

工况	监测数据平均值(mm)	考虑地下水时的沉降(mm)	修正系数 ξ
沉降值 $\bar{s}$	9.50	10.47	0.91

②铺轨后沉降预测以及沉降量控制。

铺轨后列车运营时,计算沉降量为13.41mm,采用铺轨前的沉降修正系数0.91,得到最终沉降值为: $S = \xi \bar{s} = 0.91 \times 13.41 = 12.20(\text{mm})$。

第3章 高速铁路深埋长大明挖隧道沉降控制技术创新

(3)固结周期评估

以大规模填筑加载为监测原点,整理观测沉降曲线如下。采用双曲线拟合得到沉降曲线如图3-72所示,其中公式为 $y=x/(1.31+0.092x)$。

可以看出,由于粉质黏土-粉土-粉细砂互层地层,沉降曲线比理论上的沉降曲线速率快并较快收敛,63d时,互层地层固结周期为95%,而理论上的固结度为62%,推荐该地层的固结周期为63d。

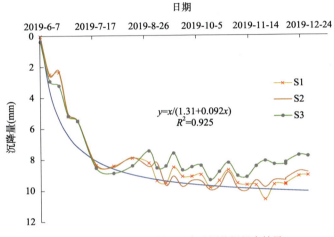

图3-72 DK47+557剖面沉降监测数据拟合结果

第 4 章 长大明挖隧道数字化技术创新

在隧道建设过程中,由于地层的不透明性和复杂多变性、施工对地层条件的依赖性、灾害事故的突发性以及对环境影响的控制难度,使得隧道的设计、施工和管理难度就必然有别于地面工程,其工程复杂性、不确定性和风险性更大。随着数字化概念和技术逐渐被工程界所接受,大型地下工程建设对信息化管理的需求不断提升。在当前地下工程数字化技术蓬勃发展的大背景下,针对隧道工程建设全过程的工程特点和实际需要,通过获取更全面的工程信息和数据并进行综合分析判断,及时反馈,是减少隧道建设不确定性和降低风险的主要途径。然而,如何对这些海量工程信息和数据进行直观共享、分析、表达和应用,最大限度地挖掘和利用信息,是一个亟待解决的问题。

通过建立和应用智能化系统,提高信息利用率,从而提升建造过程的智能化水平,减少对人的依赖,实现安全建造,并实现性价比更高、质量更优的工程交付物,需要利用和依靠一系列智能技术及相关技术实现。

智能建造是面向铁路工程设计、建设、运营全生命周期,以 BIM + GIS 技术为核心,广泛应用移动互联、云计算、大数据、物联网、人工智能、北斗导航等新一代技术,与先进的工程建造技术相融合,围绕铁路工程建设信息化建立统一开放的生态圈,建立面向铁路工程建设全资产寿命管理的平台应用体系。通过自动感知、智能诊断、协同互动、主动学习和智能决策等手段,进行工程设计及仿真、工厂化加工、精密测控、自动化安装、动态监测和信息化管理等工程化应用,形成工程建设质量的全生命可追溯闭环管理体系,实现全生命周期一体化管理的新一代智能化高速铁路系统。

因此,在隧道建设尤其是重大隧道工程的建设中,通过智能建造解决隧道信息化管理问题显得更为重要和迫切。它以项目为中心,为项目建设提供了全面的、数字化的决策工具,并为项目的参与各方提供了个性化的用户界面和高效、安全的信息沟通渠道。

4.1 隧道智能化信息管理平台

4.1.1 功能定位

京雄城际铁路主要工程内容包括大型临时工程(简称"大临工程")建设、隧道、

第4章 长大明挖隧道数字化技术创新

路基工程和无砟道床施工及轨道板铺设。其中,长大明挖隧道施工条件复杂,工期紧,为满足改善工人工作条件、规范作业流程、提高施工效率、缩短工期等需求,实现机械化、专业化、工厂化、信息化,因而引入隧道智能化信息管理平台,开发智能模板台车、智能养护系统和智能钢筋台车,采用集中控制,通过智能分析算法和自动决策系统,实现明挖隧道施工技术及装备的智能化,以提高效率、质量和劳动生产率。开发基坑开挖、围护结构施工智能化监控及评估技术,为明挖隧道施工安全提供有力保障。

4.1.2 架构设计

将实时监测、远程控制技术与虚拟现实技术相结合,构建明挖隧道智能化施工信息平台系统(图4-1),将自动化移动工厂和智能化监测的实时数据存入数据库,以三维可视化形式直观呈现施工进度、各工作面施工情况、工时工效统计、安全信息等,实现分析和预测,为施工决策提供更为直观与合理的依据。

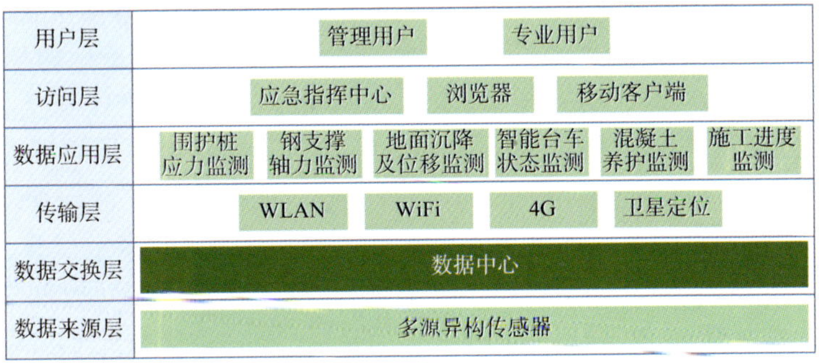

用户层	管理用户		专业用户		
访问层	应急指挥中心		浏览器		移动客户端
数据应用层	围护桩应力监测	钢支撑轴力监测	地面沉降及位移监测	智能台车状态监测	混凝土养护监测	施工进度监测
传输层	WLAN		WiFi	4G	卫星定位
数据交换层	数据中心				
数据来源层	多源异构传感器				

图4-1 明挖隧道智能化施工信息平台系统构成

在数据来源层定义系统的数据结构,将系统外部数据纳入系统内部。经过数据管理层对系统的数据进行整理录入、更新、删除等管理,从而在应用层以浏览、查询、下载系统数据的方式将系统数据提供给所有用户,对系统数据进行可视化。根据施工监测管理的需要,对系统内数据进行分析加工,得到各项数据的统计分析可视化结果,以多种形式应用数据库的数据。

平台系统与功能结构:平台主要由明挖施工监测子系统、移动工厂监测子系统、数据库存储与管理子系统、用户界面子系统和综合预警安全监控子系统五个子系统组成,如图4-2所示。

4.1.3 模块设计

基于施工标准化流程,结合项目智能传感、物联网和大数据分析,研发涵盖开挖施工监测子系统、移动工厂监测子系统、数据库存储与管理子系统、用户界面子系统和综合预警安全监控子系统的智能信息管理系统,实现施工过程参数实时管控、施工报表自动生成、大数据指导施工的信息化、标准化、智能化管理。主要模块设计如下:

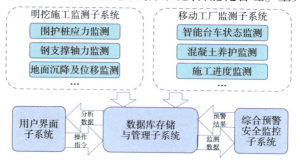

图4-2 平台系统结构图

(1)明挖施工监测模块

明挖施工监测按监测对象可分为基坑围护体系和周围环境监测两大类,基坑围护体系主要有:围护墙体测斜、围护墙顶水平和垂直位移、支护结构裂缝、桩身应力、支撑轴力、地下水位、孔隙水压力、土压力、基坑回弹、深层土体垂直和水平位移等。周围环境监测主要有:建筑物(构筑物)沉降和倾斜、地下管线垂直和水平位移、地表土体沉降以及建筑物和周边道路裂缝等。明挖施工监测模块实现了大部分常见基坑监测项目的数据批量录入与整编功能,包括测斜、水平位移、沉降、分层沉降、桩身应力、支撑轴力、土压力、孔隙水压力、地下水位、基坑回弹、裂缝等监测项目,能够处理振弦式、差动电阻式等类型的传感器。系统按照基坑监测规程规范,对监测数据进行录入、处理,包括误差处理、可靠性检验、物理量转换等。其中,桩身应力、支撑轴力和土压力监测数据整编可以直接调用仪器的率定数据进行计算。系统能进行基本数据统计分析、绘制过程曲线、测点分布曲线及相关曲线等监测基本成果。相关曲线图可以直观分析监测数据随施工进度等变化的情况。

实现施工全过程的数据采集,提高施工效率;具备标准格式的施工报表导出功能;实现施工过程流程电子审批。

(2)移动工厂模块

传统台车的行走、脱模控制均为单点手动操作,缺乏有效的集中控制、安全监控和轴线定位功能,鉴于以上不足,京雄城际铁路项目开发了一套能自动进行轴线定位,自动开/合模,具备行走障碍物监测、关键受力点监测监控等功能的台车控制系统,能直观显示移动工厂工作情况,如各设备工作状态动态、各智能化设备的智能控制。

京雄城际铁路项目在传统液压台车的基础上,从其安全监控系统、液压控制系统、行走控制系统、集中监控及自动养护控制系统几个方面进行了创新。

①安全监控系统。

结构受力分析与优化:采用有限元软件对台车结构优化计算。

应力监控系统:为了保证结构安全,除了进行上述的理论分析计算,施工中采用应变传感器对理论危险位置进行实时的动态监控。

视频监控:除了应力监控,对台车各位置设置摄像头进行视频监控。

②液压控制系统。

泵站控制子系统对油缸位移压力实时测量,自动位移同步控制,与主控采用现场总线通信,分别采用进口拉线位移传感器、压力传感器对油缸的位移和压力实时监测,抗干扰能力强,适合远距离传输,所有采集的信号通过总线以通信的方式接到主控。

③行走控制系统。

行走控制子系统:一方面控制电机正反转,设置声光报警器,行走时声光报警提示;另一方面实时检测台车移动速度及位移,并显示主控系统界面。同时设置前方障碍物检测传感器,增加行走主动安全保护。

④集中监控。

智能台车由多个子系统组成,每个子系统独立运行,它们彼此之间的协同关系到系统的运行效率,同时也影响台车的智能化程度,所以需要进行集中协同控制,并最终实现数据联网。通过远程访问,最终形成一个可移动的智能化工厂。

⑤自动养护控制系统。

养护区域环境温湿度控制功能是在养护区域的关键位置悬挂温湿度传感器,实时监测区域内的温湿度,并将信号传达至无线信号收集器,无线信号收集器发送至PLC控制系统。

(3)中心数据库模块

中心数据库模块提供设计资料、施工资料、内外部环境监测数据、结构静、动力指标监测数据、结构边界条件及荷载监测数据、结构分析、逆分析数据、日常巡检、养护、维修数据、事故、灾害处理数据等数据的存储及管理。

(4)用户界面子系统模块

用户界面子系统模块为各阶段的数据提供展示平台和控制平台,显示实时数据、初步处理结果、评估分析结果、用户报表。实时显示模块通过图形化的方式展示结构的环境、变形、内力等曲线,并提供对采集和传输的各种参数进行设置的接口。

(5)综合预警安全监控模块

警戒值是基坑施工时作为安全控制的一种强制性警示。它表示监测量达到警戒值时,提醒施工单位注意,采取必要的防范措施加以控制,以保证工程结构和基坑周围环境安全。达到警戒值时，建设单位、设计单位、施工单位要会同监测单位共同分析原因，采取有效的防范措施。同时，应增加监测频率，及时把监测数据报建设单位及有关部门。

安全风险监控信息上报主要分为巡视信息上报、施工监测数据上报和第三方监测数据上报。利用系统中的数据上报功能，可对各种人工上报的信息进行归类和汇总，保证信息的完整性，特别是本系统能够自动对监测数据进行计算、分析并以矢量图的形式显示，为参建各单位提供详细的信息资料。监控信息上报之后，相关参建单位即可查询监测数据和相关报告，并进行监测曲线和数据分析。

利用"线路导航区"内的"统计信息"各栏目，可对工点信息、综合预警、监测预警、巡视预警等进行统计，从而快速查阅整条线路当前施工状态及安全状态。

①工点安全状态。

利用工点安全状态图，可以快速查阅各线路工点安全状态。

②综合预警信息。

通过综合预警信息统计图，可以快速了解各线路当前预警信息，也可以对预警信息进行处置。

③监测预警信息。

通过监测预警信息统计图，可以快速了解各线路监测数据安全状态，通过链接，可快速查阅预警测点数据。

④巡视预警信息。

通过巡视预警信息统计图，可以快速了解各线路下巡视预警状态，通过链接，可快速查阅预警信息及处置信息。

对监测点实时监控，动态显示其监测信息；对结构安全状态实时评估并根据状态实时预警和主动控制。

4.1.4 智能化应用案例

京雄城际铁路明挖隧道工期紧、任务重，工程可利用的时间只有10.5个月，下穿永定河大堤段考虑汛期的影响，有效工期仅有5.5个月；每板衬砌混凝土浇筑长度不得大于9m，且拱圈混凝土强度达到设计强度的100%后方可落模，衬砌施工所占的工期较长，约占总工期的50%，如何通过四化（机械化、专业化、工厂化、信息化）缩短关键线路上各关键工作的工期，是京雄城际铁路明挖隧道的一项重要工作。为打造智能高铁，互联网平台关联了现场部分设备，达到"智联万物"。

1）信息总览应用（图4-3）

在三维界面中直观显示工程进度、地质情况，分类显示工程项目进度、质量、安

第4章 长大明挖隧道数字化技术创新

全等信息。并且可以在三维模型上进行实时标记,共享施工信息。

图 4-3 信息总览应用界面

用户根据实时施工现场的数据,在此平台上可查看施工进度以及各工作面所在的位置。

显示的信息包括项目总进度(计划完成时间、预计完成时间、完成进度)。

定位信息包括挖掘机的定位信息、挖掘机的工作状态(可选用气泡展示)。

三维界面交互功能包括移动、缩放、旋转、分解,见表4-1。

信息总览主要功能表　　　　　　　　表 4-1

序号	功能名称	功能描述
1	三维界面交互	移动、缩放、旋转、分解
2	定位信息	实时显示挖掘机的定位和工作状态

2)移动智能工厂应用

智能工厂的主要特征是自动化、数字化、模型化、决策科学化、可视化和集成化。智能工厂实现自动化生产,使得企业能够对整个生产工艺做出实时的监测与规划。生产的数字化,企业借助全厂的互联网平台,实现机器、人员的互联,实现生产数据与人员的无缝对接,生产管理人员可以借助系统采集来的数据,进行现场的感知和管控。

(1)智能模板台车(图4-4)

用户在三维区域直观查看开挖面工作情况,用气泡显示台车动态工作状态(随着位置变动,施工进度可视化变动)、工作位置以及工作情况等信息,见表4-2。

图 4-4 智能模板台车

智能模板台车主要功能表　　　　　　　　　　　表 4-2

序 号	功 能 名 称	功 能 描 述
1	智能模板台车	在三维场景中动态显示开挖面工作情况,显示模板台车动态工作状态(随着台车位置的变动,施工进度可视化变动)、位置及工作情况等

(2)钢筋智能施工(图 4-5)

图 4-5 智能钢筋施工

钢筋智能施工在三维场景中动态显示其施工详细信息,根据建设单位提供的信息统计工时工效,并根据其状态实时预警,见表 4-3。

第4章 长大明挖隧道数字化技术创新

钢筋智能施工主要功能　　　　　　　　　　　　　　　表4-3

序号	功能名称	功能描述
1	钢筋智能施工	在三维场景中动态展示施工详细信息,根据状态实时预警。数据正常,可视化数据对应的监控外观特征可用绿色显示;数据异常,可视化数据对应的监控外观特征用红色高亮显示
2	预警	监测异常时,以短信的方式通知预警人
3	工时工效统计	根据建设单位提供的信息进行统计

(3)混凝土浇筑(图4-6)

图4-6　混凝土浇筑施工

混凝土浇筑在三维场景中动态显示其施工详细信息,随着台车施工的位置向两侧延伸,对建设单位提供的信息统计工时工效,并根据其状态实时预警,见表4-4。

混凝土浇筑主要功能　　　　　　　　　　　　　　　表4-4

序号	功能名称	功能描述
1	混凝土浇筑	在三维场景中动态展示施工详细信息,根据状态实时预警。数据正常,可视化数据对应的监控外观特征可用绿色显示;数据异常,可视化数据对应的监控外观特征用红色高亮显示
2	预警	监测异常时,以短信的方式通知预警人
3	工时工效统计	根据建设单位提供的信息进行统计

(4)混凝土养护(图4-7)

混凝土养护是整个混凝土工程中一项耗时最长、对质量影响最大的子工程。混凝土养护期间,应重点加强对混凝土湿度和温度的控制,尽量减少表面混凝土的暴露时间,及时对混凝土暴露面进行紧密覆盖,防止表面水分蒸发。

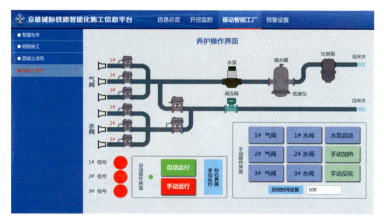

图 4-7　混凝土养护施工

混凝土养护期间,应对有代表性的结构进行温度监控,定时测定混凝土芯部温度、表层温度以及环境温度、相对湿度、风速等参数,并根据混凝土温度和环境参数的变化情况及时调整养护制度,严格控制混凝土的内外温差,使之满足要求。

通过三维操作图模型与气阀、水阀进行挂接。

养护区内环境温度变化实时监测,并显示监测数据。

养护区温度、湿度不满足要求时,系统自动"闪烁高亮"报警。

混凝土温度检测增加"控制"功能,根据实际温度情况向现场设备发送指令,进行自动养护,见表4-5。

混凝土养护主要功能　　　　　　　　　　表 4-5

序号	功能名称	功能描述
1	混凝土养护	在三维场景中动态展示施工详细信息,养护区内环境温度,实时显示监测数据
2	控制	根据实际温度向现场设备发送指令,进行自动养护
3	预警	监测异常时,系统自动闪烁高亮
4	工时工效统计	根据甲方提供的信息进行统计

3）安全监控及主动调控应用

安全监控及主动调控应用包括虚拟施工场景、几何变形监测、水土压力监测、支撑轴力监测、水平位移监测、智能降水、支撑轴力自动调整系统。直观显示开挖面工作情况,挖掘机工作状态动态显示(可用气泡显示其详细信息)。

对开挖监测点实时监控,动态显示其监测信息并根据状态实时预警。

（1）开挖总览

用户查看虚拟施工场景,直观显示开挖面工作情况,包括挖掘机工作状态、所

第4章 长大明挖隧道数字化技术创新

在位置等信息(可用气泡来显示详细信息),具有数据分析功能,见表4-6及图4-8。

表4-6 开挖总览主要功能包含

序号	功能名称	功能描述
1	开挖总览	查看虚拟施工场景,直观显示开挖面工作情况,以及挖掘机位置、工作状态等信息

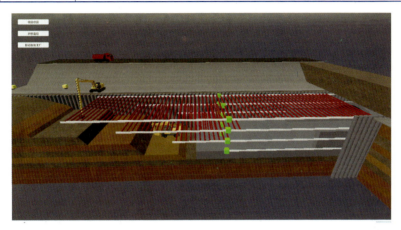

图4-8 开挖总览界面

(2)自动监测模块

监控点展示各监测位置几何变形、水土压力、支撑轴力等数据,动态显示其监测信息并根据其状态实时预警,可通过短信的方式通知预警人,还能以图标曲线的方式进行历史数据查看。

在监测点设置标准值:在标准值范围内属于正常,可视化数据对应的监控外观特征可用绿色显示;超出标准值属于异常,可视化数据对应的监控外观特征可用红色高亮显示;如有特殊要求,低于标准值时,可视化数据对应的监控外观特征可用蓝色显示。

查看历史数据:可根据检测项目、起始时间、终止时间、测点等信息,以图标曲线的形式查看历史数据,见表4-7、图4-9及图4-10。

表4-7 自动监测主要功能

序号	功能名称	功能描述
1	几何变形监测、水土压力监测、支撑轴力监测、水平位移监测	监控点展示各监测数据,提供三维测点位置。 数据正常,可视化数据对应的监控外观特征可用绿色显示; 数据异常,可视化数据对应的监控外观特征用红色高亮显示
2	预警	监测异常时,以短信的方式通知预警人

续上表

序号	功能名称	功能描述
3	查看历史数据	图标曲线方式查看历史数据
4	结构状态评估	通过地表沉降监控、水位监控、墙体位移监控、支撑轴力监控,实时监测支护系统安全,多参数联动评估
5	主动调控	轴力自动伺服系统,低压自动补偿,高压自动报警

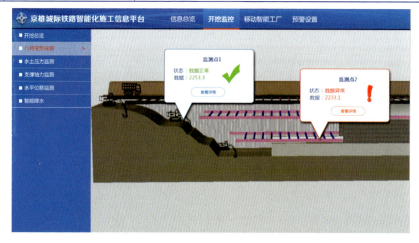

图4-9　实时监测界面

图4-10　查看历史数据

(3) 智能降水

在三维区域可直观查看开挖面工作情况、挖掘机动态工作状态、水位高度是否

第4章　长大明挖隧道数字化技术创新

正常等信息,并根据检测结果进行实时预警及自动降水,见表4-8及图4-11。

智能降水主要功能　　　　　　　　　　　　　表4-8

序号	功能名称	功能描述
1	智能降水	以三维展示,对各监测点水位进行监测,自动降水,提供监控信息和预警功能。数据正常,可视化数据对应的监控外观特征可用绿色显示;数据异常,可视化数据对应的监控外观特征用红色高亮显示
2	预警	监测异常时,以短信的方式通知预警人

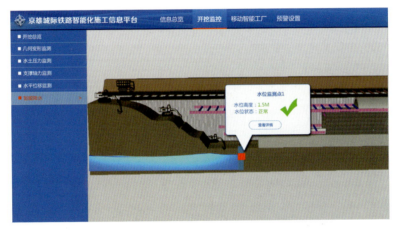

图4-11　智能降水模块界面示意

4) 系统管理应用

(1) 预警设置

预警设置主要对开挖监控中各监测点数据进行设置,各监测点根据这一阈值判断是否预警,从而实现预警报告。

(2) 阈值设置

用户通过阈值设置模块对各监测点设置阈值,通过查询条件来查看不同监测点信息,见表4-9及图4-12。

(3) 预警人设置

预警人设置是对各监测点发送预警的联系人,见表4-10及图4-13。

阈值主要功能　　　　　　　　　　　　　表4-9

序号	功能名称	功能描述
1	阈值设置	设置各监测点阈值
2	查询	根据查询条件查看各监测点信息

复杂环境下高速铁路长大明挖隧道建造技术创新实践

图 4-12　阈值设置

预警人主要功能　　　　　　　　　　　　　　　　　　表 4-10

序号	功 能 名 称	功 能 描 述
1	预警人设置	设置各监测点预警人
2	查询	根据用户名、姓名、部门、角色、状态等信息,查看各预警人信息

图 4-13　预警人设置

目前,这种采用移动工厂的明挖隧道智能化施工在国内外研究尚属空白,京雄城际铁路明挖隧道项目组将采用原型设计、理论分析、模型试验等手段,将智能化移动工厂技术应用在明挖隧道智能化施工中,深入研究隧道智能化台车构造特点、设计方法、支护安全监测系统及配套的软件系统等系列关键技术,全面推进基坑开挖、围护结构施工、隧道施工技术及装备的智能化。

明挖隧道智能化移动工厂技术在保证施工质量的同时提高现场工效,且能降低施工风险,具有良好的经济效益。随着近些年我国隧道施工经验的逐步丰富,推广新工法、新工艺的相关文件也陆续出台,未来的隧道工程建设必将更加先进、规范、高效,类似的成套技术也必将取代传统工法成为隧道建设工程领域的主流,必将具有广阔的应用前景,值得大力推广应用。

4.2 BIM 技术在明挖隧道中的应用

4.2.1 概述

作为一种新的理念,BIM 技术被应用到了隧道工程的各细分领域,是隧道工程实现数字化的必经之路。不同于民用与公用建筑工程,隧道工程有其特有的特点,从而导致建筑 BIM 标准不再适用于隧道工程。因此,建筑的 BIM 技术路线不能直接用于隧道工程中。在隧道建设中引入 BIM,可以实现隧道建设全过程信息共享,优化隧道生产方式和设计理念,提升隧道施工质量,保证隧道运营稳定,为隧道建设缩短工期和节约成本提供有效的技术支持。

隧道工程引入 BIM 技术是一个机遇与挑战并存的过程,在带来很多优势的同时,也存在一些问题。首先,BIM 模型应用时需要一个相互协同的基础,建模、绘图、施工模拟的软件必须相互配合,但是,目前缺乏一致的标准和平台,BIM 模型难以进行数据交换;其次,隧道工程施工工艺和工法多样性强、信息模型描述工程产品和建造过程应用的难度较大,在建造阶段面临方法、体系、工具等多方面的空白,亟须通过项目实践加以探索和总结。此外,BIM 应用多数还属于单点应用,而且应用多局限于设计阶段使用,在施工和运营方面的应用较少,本工程的探索对 BIM 技术在明挖隧道中的应用起到了一定的推动作用。

4.2.2 模型建立

BIM 建模的技术要素主要为技术支撑、数据支撑、体系支撑和管理支撑。根据 BIM 应用目标不同,需要建立详细程度不同的模型来表达模型构件及其属性。将隧道 3D 模型与设计、施工及管理信息集成一体,实现 3D 模型参数化创建与显示,以及隧道构件和体量、材料、进度、成本、质量、安全等信息的关联、查看、编辑与扩展。

1)模型细度

模型建模精度为在不同的模型精度下,BIM 模型信息的全面性、细致程度及准确性指标。几何精度通常采用两种方式来衡量:一是反映对象真实几何外形、内部构造及空间定位的精确程度;二是采用简化或符号化方式表达其设计含义的准确性。信息粒度即在不同的模型精度下,BIM 模型所容纳的几何信息与其非几何信息的单元大小与健全程度。在京雄城际铁路长大明挖隧道组件单元的建模精度过程中,充分考虑了实际的工程情况,充分利用了模型信息。

铁路工程信息模型深度根据《铁路工程信息模型表达标准》(CRBIM1003—2017)的有关规定确定。其中,隧道工程 BIM 模型的基本信息满足表 4-11 的要求。

构建模型几何表达等级   表 4-11

等 级	英文名	简称	备 注
1 级表达精度	Grade1	G1	满足符号化识别需求的几何精度
2 级表达精度	Grade2	G2	满足空间占位等粗略识别需求的几何精度
3 级表达精度	Grade3	G3	满足真实外观等精细识别需求的几何精度
4 级表达精度	Grade4	G4	满足结构施工、产品制造等高精度识别需求的几何精度

BIM 模型精度描述了一个 BIM 模型构件单元从最低级的近似概念化的程度发展到最高级的演示级精度的步骤,即工程项目在不同建造阶段的需求不同,其相应阶段模型的深度要求也不同。根据模型在施工过程中使用需求宜采用不同的精度等级,一般进度模拟、临时工程的初步设计已采用 LOD300 精度;深化设计、工程量统计、测量机器人应用及方案模拟优化等级采用 LOD400 精度,详见《BIM 技术在京雄城际铁路主体工程施工应用指南》。

铁路 BIM 模型轻量化可通过降低模型几何表达等级来实现,在满足使用需求的前提下,尽量使用基本模型和参考模型的组合形式。

2)模型创建规则

施工 BIM 模型应根据应用相关专业和任务的需要创建,模型细度应满足深化设计、施工过程和竣工验收的要求。具体应满足以下标准:①满足工程目标的需求;②统一的模型命名规则,模型坐标,项目样板等;③统一的模型创建模型精度要求;④满足材料规格型号及数量等信息;⑤开放的属性修改及添加功能;⑥模型拆分依据清单计价规范。

为便于工程量统计及应用,铁路 BIM 模型可拆分为多个系统,拆分的目的是模型的更好表达,同时也为了方便模型的组合,BIM 模型可按不同里程范围进行拆分,也可按不同部位断面形式和施工方法进行拆分,系统需要建立相同的插入坐标

第4章 长大明挖隧道数字化技术创新

系,以方便后续模型的组合。隧道模型可按表4-12进行拆分。

隧道模型拆分　　　　　　　　　　表4-12

隧道结构系统	包含模型	隧道结构系统	包含模型
衬砌结构	仰拱	防排水	截水沟
	衬砌		砖砌挡水墙
	垫层		中心沟管
	隧道洞室		防水层
加固处理	降水井	支护结构	冠梁
			横撑
	地基处理		止水帷幕

3) 模型命名规则

构件模型属性信息的定义、命名规则以及名称的前后位置的确定都是必不可少的。为了使隧道模型满足实际工程需要,并且保证模型的名称方便被区分识别,京雄城际铁路长大明挖隧道 BIM 模型具有统一的命名标准,与《铁路工程信息模型表达标准》(CRBIM1003—2017)的有关规定一致。

模型文件的命名可由项目代码、阶段、专业代码、设计单元、类型描述依次组成,由连字符"_"隔开,用项目名称_阶段_专业代码[_设计单元]_类型,来描述京雄城际铁路明挖隧道的模型文件的命名。具体模型文件的命名参考如下:

京雄第三合同段_施工图_隧道_DK46+092~DK46+659_围护桩模型.rvt;

京雄第三合同段_施工图_隧道_DK46+092~DK46+659_衬砌模型.rvt;

京雄第三合同段_施工图_隧道_DK46+659~DK47+217_仰拱模型.rvt。

为区分不同结构及部位,应进行模型材质渲染,可采用不同的纹理和颜色(表4-13)。

构件材质表　　　　　　　　　　表4-13

构件	色彩(RGB)	图例	构件	色彩(RGB)	图例
仰拱	255,153,0		侧墙	51,153,153	
桩基	0,255,255		侧沟槽	0,128,128	
截水沟	102,153,255		垫层	255,0,0	
冠梁	0,0,255		拱顶	0,153,255	
腰梁	102,0,355		水沟盖板	0,255,0	
电缆槽盖板	0,153,50				

4) 搭建机场 2 号隧道主体 BIM 参数模型(图4-14)

京雄城际铁路明挖隧道机场 2 号隧道全长 7.308km,下穿永定河南北大堤段

复杂环境下高速铁路长大明挖隧道建造技术创新实践

采取暗挖法施工,长度分别为 130m、100m,具有浅埋、地下水位高、拱部粉细砂层、变形控制高等难点。其余段落均采用明挖法施工工艺,深基坑施工,基坑围护要求较高,施工安全风险较大。

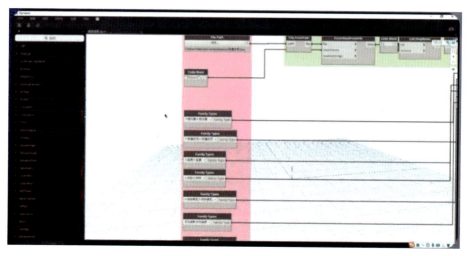

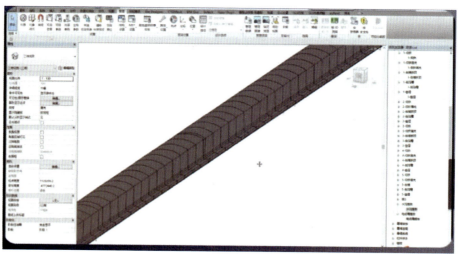

图 4-14 机场 2 号隧道主体 BIM 模型

隧道中构件种类较多,数量庞大,若单纯采用手工建模,就必须对每一隧道构件模型独立创建,这将大幅度增加设计人员的工作量。参数化建模,就是将模型的关键特征及单元属性进行归纳总结,并可以适当简化,设计编写特性的算法,使其实现模型的自动生成与组建。

第4章 长大明挖隧道数字化技术创新

在隧道建模过程中,创新性地大范围使用参数化建模技术,通过建立隧道分部分项工程中的各构件,并针对其几何特征设定参数及各参数间的关联,在搭建参数化构件库的基础上,隧道模型整体形态可在调整线形后自动生成,避免大量重复建模的工作。

京雄城际铁路明挖隧道机场2号隧道模型精度要求为LOD400,根据隧道三维坐标数据,利用自主开发的Dynamo程序快速创建,生成隧道三维路径后,结合参数化族库进行精确化模型搭建,模拟隧道建造。精细化模型族库,每个族元均含有很多信息,如尺寸、形状、类型、材质、可见性和其他参数,以便于类似项目的重复利用。

隧道结构及支护模型的准确创建,可以协助现场进行技术交底,让施工人员容易理解施工方案,便于提高施工方案执行的准确性。LOD400模型,即包括仰拱、衬砌、围护桩等主体建筑物模型,也包含横撑、台车等临时模型。相关模型如图4-15~图4-18所示。

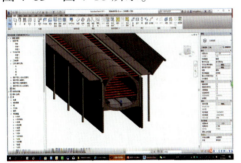

图4-15 主体及横撑

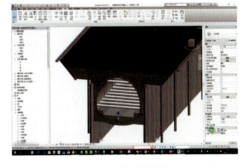

图4-16 分层回填土

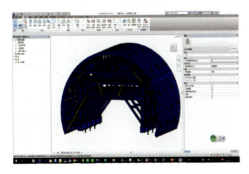

图4-17 模板台车模拟图

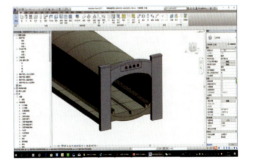

图4-18 洞门模拟图

通过基于Revit软件的二次开发及匹配GUID(构件唯一编码),将构件的非几何信息(如混凝土强度、渗水系数等)快速与其关联,在BIM中形成工程模型产品

· 121 ·

数据库,为后续的施工管理应用打牢基础。

京雄城际铁路明挖隧道机场2号隧道出口段路隧结构BIM系统性设计。机场2号隧道出口与U形槽相连,隧道洞门与U形槽主体结构之间,隧道边仰坡防护结构与U形槽边坡防护结构之间,以及过渡段系统排水设计等均非常复杂。因此开展此段落的三维BIM系统性设计,可以对结构方案提供重要的指导、校核。U形槽BIM设计如图4-19所示。

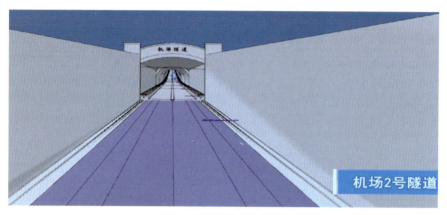

图4-19　U形槽BIM设计

4.2.3　可视化模拟

目前,BIM技术在隧道工程中的应用尚处于探索阶段。按照工程结构化的构件命名规则,以及工序管理的精度要求,利用面向工程实体对象的三维建模方法,创建铁路矿山法隧道复合式衬砌施工BIM模型,可辅助隧道工程施工组织3D可视化设计和4D虚拟施工管理。

利用BIM可视化虚拟仿真技术,建立了隧道施工技术方案的3D模型可视化设计与交底、施工方案的4D模型虚拟施工推演与优化,以及自动核算阶段工程量的方法和流程。以此为隧道工程BIM技术的实践和推广提供应用参考。

(1)施工临建设计

施工现场布置是项目前期准备的关键工作,将BIM技术运用到施工场地布置中,可以解决传统二维施工场地布置中很难发现和解决的许多问题。

在京雄城际铁路明挖隧道项目中,大范围应用GIS模型承载能力强的优势,与BIM结合,应对京雄城际铁路点多、面广、线长的特点,在GIS环境中,可对临建布设的方案合理性进行分析。在利用无人机进行大范围拍摄后,生成高精度数字正摄影像模型(DOM)、数字高程模型(DEM),运用此模型,可计算、分析坡度、土体挖

第4章　长大明挖隧道数字化技术创新

填量、便道长度、选址面积等，较好地补足了 BIM 对环境模型承载的短板。利用三维系统的海量地理信息数据和分析计算功能，为大临设施、施工便道选址设计提供便利。将大临工程、施工便道设计成果以三维模型的形式管理（图 4-20），并建立信息查询目录，方便对设计成果的查看。相关图片如图 4-20、图 4-21 所示。

图 4-20　大临工程三维可视化管理

图 4-21　机场 2 号隧道弃土场选址

结合施工组织设计，可辅助弃土场、梁场等大临设施方案选址工作（图 4-21）。根据现场情况进行大型临建设计及场地规划，协助临建方案拟定和编导实施，节省临建设计投入，缩短临建实施工期约 2 周。

（2）4D 虚拟施工

4D 虚拟施工是利用 Autodesk Navisworks 的虚拟仿真环境，对 3D 几何空间模型添加时间维度,虚拟推演实际施工过程。具体来说,是将 BIM 模型与施工组织进度计划相关联,以进度驱动模型的虚拟仿真。

具体技术路线如下:①在 BIM 软件下建立 3D 数字模型,赋予每一构件施工工序属性参数;②用 project 编制工序的时间任务项数据源;③用 3D GIS 虚拟场景集成模型和工序时间数据源,在虚拟仿真环境中实现模型的虚拟建造。同时进行实时的过程交互,虚拟推演施工方案,动态检查方案可行性及存在的问题,优化调整施工装备、工艺等。图 4-22 为基于 BIM 的虚拟施工方案流程。

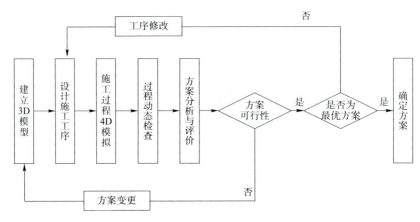

图 4-22　基于 BIM 的虚拟施工方案流程

图 4-22 展示了隧道 4D 虚拟施工过程,土方开挖模型、基坑围护结构和支护结构模型、隧道模型按照进度表达最小粒度拆分,如土方开挖模型在高度方向按照支撑位置分层,平面上按照相邻支撑间距分块。图 4-23 展示了施工进度信息和横道图,对每个构件进行施工流水段、时间的定义。

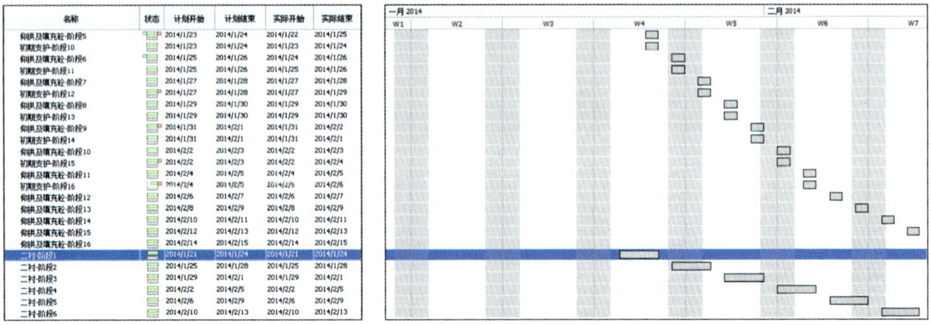

图 4-23　施工进度横道图

从图中可清晰查看所有构件的施工顺序和时间节点。通过对比分析施工计

第4章 长大明挖隧道数字化技术创新

划和实际施工进度的状态,便于项目管理者实时动态掌控施工进度,确定最佳的施工顺序和时间节点,快速调整施工资源,随时为制订物资采购计划提供及时、准确的数据支撑,对项目成本管控提供技术支持,以实现项目精细化施工管理。

(3)三维可视化交底和模拟仿真

传统的二维CAD图纸表达工程结构节点设计时,往往需要平面图结合多个剖面图才能表达清楚。机场2号隧道全长7.308km,下穿永定河南北大堤段采取暗挖法施工,长度分别为130m、100m,具有浅埋、地下水水位高、拱部位于粉细砂层、变形控制要求高等难点。其余段落均采用明挖法施工工艺,深基坑施工,基坑围护要求较高,施工安全风险较大。

利用BIM三维可视化功能,在方案实施前采用动态三维模式进行技术交底。例如,对钢筋加工和安装、预应力管道的安装定位、节段梁提升、节段梁拼装等进行技术交底,使技术交底更直观、生动、形象,确保参与施工人员均能快速、明确理解相关工艺工法。通过施工过程的模拟仿真,使作业人员明确施工作业要点,优化施工工序,预防安全风险。

京雄城际铁路明挖隧道机场2号隧道项目可视化交底明挖段有围护桩、冠梁、基坑开挖、垫层、隧道防水、仰拱、仰拱填充、衬砌侧墙、衬砌拱顶、基坑回填等施工要点;暗挖段有土方开挖、超前支护(超前管幕、超前导管)、初期支护(喷混凝土、钢架、锁脚钢管)、二次衬砌(仰拱、拱墙)、二次衬砌、防水板、仰拱填充、沟槽、盖板等施工要点。模拟仿真明挖段长7078m,分25个施工段;暗挖段长230m,分2个施工段。高峰期同时作业台车27台。明挖施工仿真模拟工序流程为:围护桩及地基加固水泥搅拌桩施工→冠梁、钢支撑及土方开挖施工→仰拱施工→自下而上拆除第一、二道支撑→衬砌台车拼装及调试→衬砌施工→拱顶回填,逐步拆除拱顶以上第三、四道支撑。明挖施工仿真模拟相关图片如图4-24~图4-27所示。

图4-24 钻孔灌注桩

图4-25 土方开挖

图 4-26 分离式台车分段施工

图 4-27 基坑回填

(4) 工程量动态核算

在施工过程中，根据二维图纸计算工程量十分烦琐、重复冗余，浪费了大量的人力、物力，且精度普遍不高，对工程计量影响很大。而 BIM 数字信息模型具有精准的三维体量，结合施工进度，可以快速获取阶段工程量，大幅度提升造价人员的工作效率。

京雄城际铁路明挖隧道项目通过搭建 BIM 模型，对模型的工程量进行精确统计，从而对工程计价、物料储备、智能加工做好规划，具体方法是：①用 Revit 软件建立分部分项工程 BIM 模型，赋予模型构件的体量、施工阶段属性信息；②根据实际施工状态，统计当前施工阶段的分部分项模型体量明细表；③参照工程量计算量纲公式规则，由模型体量生成分部分项工程量。

在工程量统计过程中，利用 BIM 软件自有的统计功能，可统计工程产品本身的工程量，但与其相关的工程量，如土方填挖等，未能良好计算。在此背景下，根据工程数量项的特点，可采用不同的计算方法：

①对于构件本体的工程数量，常规设计中均引用参考图，此类数量可通过配置构件工程数量数据库的方式，将主体结构的工程数量预设到数据库中，计算时根据特定的值进行查找。

②涉及土方开挖的相关数量项，因其与地面高程和地质信息相关，可编写针对性的数量计算模块。

③涉及长度、个数等指标信息的数量，可采用编写计算模块的方式进行计算。

④对于常规的施工辅助措施，可编写专门的施工辅助计算模块进行计算；对于非常规的施工辅助措施，可预留工程数量扩充接口，进行人工干预。

工程数量项的计算依托于构件进行，故每一个工程数量项可找到其依附的构件，与构件产生映射关系。桥梁工程构件、程序内部编码、工程数量清单表、定额编码、工程数量交付标准编码之间的组织关系如图 4-28 所示。程序内部编码

第4章 长大明挖隧道数字化技术创新

对应构件的工程数量项,与工程数量表、定额编码和交付编码分别产生一一对应的映射关系,以此来完成工程数量的计算,以及 BIM 模型交付要求的工程数量表达。

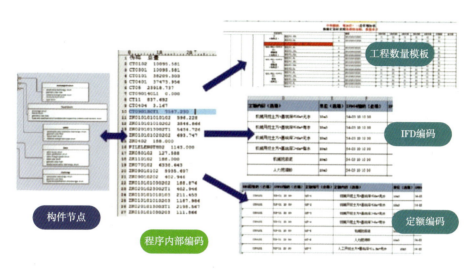

图 4-28 构件、程序内部编码、工程数量清单表、定额编码等的组织关系

应用 BIM 模型计算京雄城际铁路明挖隧道机场 2 号隧道工程量,并与施工图工程量进行对比,工程量误差在 3% 以内(图 4-29、图 4-30)。

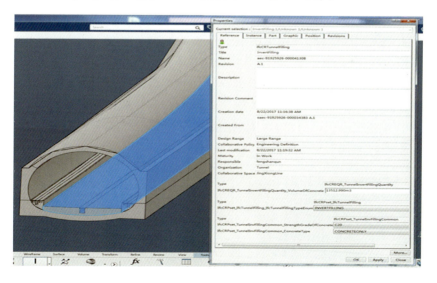

图 4-29 工程量校核

· 127 ·

复杂环境下高速铁路长大明挖隧道建造技术创新实践

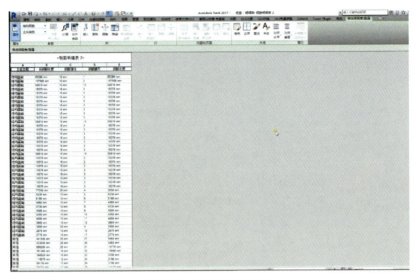

图 4-30　模型工程量统计

(5) VR 技术

VR(Virtual Reality)是利用计算机对复杂数据进行可视化操作与交互的一种模拟仿真技术。虚拟现实的 3 个最突出特征:交互性、沉浸性和想象性。虚拟现实技术可使参与者在多方位、立体的三维空间得到逼真的体验,轻松把握空间尺度,加深对现场空间的细部的把握,提高效率。

京雄城际铁路明挖隧道项目,打破传统的书面交底方式,基于高精度的 BIM 模型开展隧道增强交底应用,在施工图纸中添加识别图标,将隧道典型复杂构件 BIM 模型与图纸关联,利用 VR 技术,使基层施工人员在隧道施工过程中,随时调出样板构件三维立体模型,并可将模型叠加在实际施工部位,实现班组施工精准交底。此外,为把好安全关,通过 BIM + VR 的实景模拟(图 4-31),通过现场可视化安全风险提示、VR 体验等,改变传统沉闷的"灌输式"和"说教式"安全教育方式,使员工更加深刻地认识到安全生产的重要性。

图　4-31

第4章 长大明挖隧道数字化技术创新

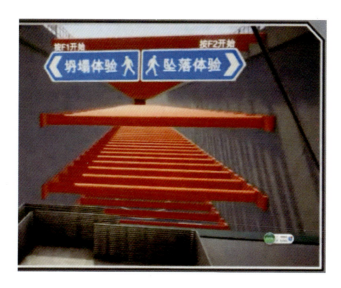

图4-31 BIM + VR 实景模拟

京雄城际铁路明挖隧道通过 BIM + VR 的实景模拟,改变传统沉闷的"灌输式"和"说教式"安全教育方式,共培育作业人员 562 人次。

4.2.4 BIM 在施工管理中的应用

在这个互联网时代,运用物联网云服务、多终端和大数据等工联网技术搭建的 BIM 数字化协同管理平台,可以将施工现场的实时数据汇集到后台数据库,由于三维模型和数据库的关联,可实现采集到的实时数据在多终端动态更新。BIM 项目管理协同平台(图4-32)使得各工程参与单位都参与到项目建设中,使其有了更方便的沟通平台。京雄城际铁路明挖隧道项目 BIM 项目管理平台围绕进度管理、质量管理、安全管理、成本管理 4 个核心模块展开。

1)进度管理

进度管理是工程建设的重要环节,大断面深基坑隧道施工环境复杂,地质因素的不确定性程度高,危险系数大,编制科学合理的总体施工进度计划显得尤为重要。总体施工进度计划是总承建单位协调各分包单位开展工作的依据。项目施工的所有活动都是和时间相关的,一份完整的施工进度计划是从项目进场施工开始到竣工验收为止的全流程。它需要根据合同工期来统一组织,需要以海量的工程资料(图纸、招标投标书、会议记录、设计变更等)为基础,根据各阶段的工程量来估算所需的人工、材料、机械数量,排出每项工作所需时间,然后按工序前后关系,考虑工序搭接,进而完成项目施工进度计划的编排。

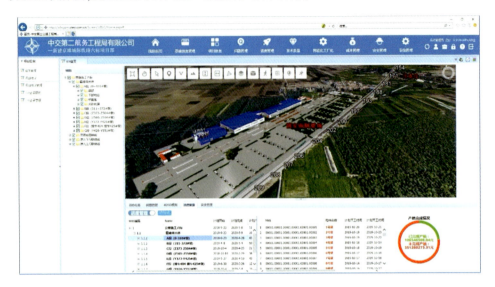

图 4-32　BIM 项目管理协同平台

在已建立 BIM 模型基础上加上进度时间轴,动态分析施工方案及施工进度,在建设前对建设过程进行模拟优化,精确、直观地展现施工进度和施工流程。

传统描述施工进度的方法有横道图、双代号网络计划、单代号网络计划、双代号时标网络计划、单代号时标网络计划等,它们都是平面的,是基于工程进度关键节点上的静态分析管理。利用 BIM4D 模型总承建单位在京雄城际铁路明挖隧道建设过程中合理制订施工计划、精确掌握施工进度,缩短工期,降低成本,提高品质。

(1) 进度计划编制及模拟

通过 BIM 施工级管控平台,将 BIM 模型与施工进度计划相关联,通过以多视口、不同专业穿插的形式进行施工模拟,便于进度计划的调整与优化。

在开始施工前,在 BIM 施工级管控平台中导入最终 BIM 模型和已编制好的总进度计划工作表,以特定规则关联模型的 MBS 与工作计划表的 WBS,利用平台动态模拟项目形象进度,对进度模拟的情况进行分析,为进度计划的优化调整提供依据。

模型施工进度查询界面如图 4-33、图 4-34 所示。

(2) 施工进度控制管理

跟踪控制每月、每周、每日的施工进度。将实际进度、工况及现场照片录入

第4章 长大明挖隧道数字化技术创新

BIM管控平台,将实际进度与计划进度对比,为现场进度管理提供预警提示。

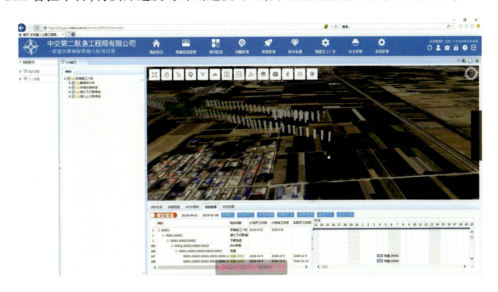

图4-33 模型施工进度查询界面(1)

图4-34 模型施工进度查询界面(2)

①实际进度录入。

现场管理人员利用移动设备记录现场进度,并将记录的照片上传至BIM管控平台;相关人员在PC端BIM施工管控平台中录入现场实际进度(图4-35)。

复杂环境下高速铁路长大明挖隧道建造技术创新实践

图 4-35　录入实际进度

②进度对比。

通过 BIM 管控平台将实际进度与计划进度对比,对有进度偏差的工序进行标注提醒。管理人员根据分析数据,用调整进度计划、调整资源分配等方式,做到对整个项目进度的管控。

2）质量管理

工程质量优劣,是隧道工程的根本性问题,工程施工质量管理贯穿于施工全过程的所有工序。由于整个施工过程中的工序较多,各分部、分项工程的各工序都有不同技术要求和工艺要求,并且由不同的班组操作和实施,传统的验收交接和技术交底都是由人工操作和手工记录,疏漏和人为偏差在所难免,容易形成质量隐患,甚至酿成质量安全事故。

质量管理主要是对现场实施的质量指标信息进行归档、整理、评估。将质量指标与三维构件进行关联,可以用不同颜色分别标识不同构件的检测结果,如未检、合格、不合格等,便于管理者有针对性地进行质量控制。将质量信息附于三维模型中,点击任意构件,可以快速链接到质量资料文件（如产品合格证、质量检测资料、质量标准文件等）,方便现场管理人员管理,保证质量资料可追溯。以构件为主体分项进行质量检查,实时上传、关联质量照片,用于参与方进行质量闭合管理。质量管理相关图片如图 4-36、图 4-37 所示。

用传统的管理模式进行现场检查,各专业工程师须带齐图纸,对照现场与图纸进行校验;传统方式工序复杂,工作效率低。为解决以上问题,京雄城际铁路明挖隧道项目通过手持设备、利用 BIM 技术对施工现场进行管理,使得现场管理更加方便,"发现问题—记录问题—纠正问题"过程更加清晰、便捷。

第4章 长大明挖隧道数字化技术创新

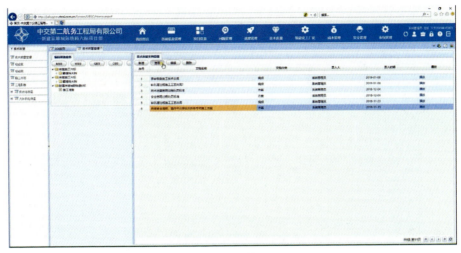

图 4-36　质量管理(1)

图 4-37　质量管理(2)

现场质量管理的主要内容包括现场质量巡检、质量问题采集、短信推送、问题确认处理与问题整改回复等业务数据流(图 4-38)。

通过手持移动设备和网络界面查看项目信息,开展模型调整和冲突检测(图 4-39)的全过程管控,从而使得 BIM 技术贯穿设计至施工的整个过程。

3)安全管理

在施工过程中,施工安全隐患无处不在,通过应用基于 BIM 技术的物联网可以提高施工现场安全管理能力。例如:使用无线射频识别标识在临边洞口、出入口防护棚等设施上,并在标签芯片中载入对应编号、防护等级、报警装置等与管理中心的 BIM 系统相对应,达到实施监控效果;也可以对高空作业人员的安全帽、安全带、身份识别牌进行相应的无线射频识别,在 BIM 系统中精确定位。如操作作业不符合相关规定,身份识别牌和 BIM 系统中相关定位会同时报警,使管理人员精确定位隐患位置,从而采取措施,避免安全事故的发生。

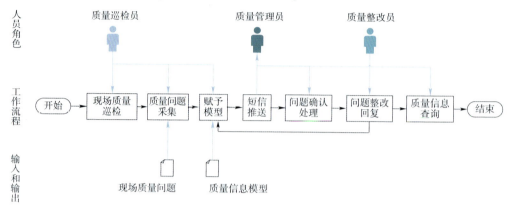

图 4-38 现场质量管理流程图

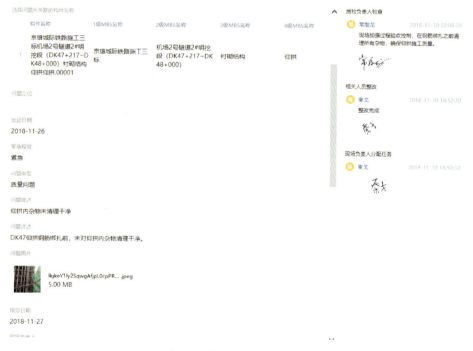

图 4-39 模型调整和冲突检测

京雄城际铁路明挖隧道项目安全管理模块包含:安全问题追溯、现场监控、安

第4章　长大明挖隧道数字化技术创新

全培训在线、班前管理、安全培训记录。

现场安全管理的主要内容包括现场安全巡检、安全问题采集、短信推送、问题确认处理与问题整改回复等业务数据流。现场安全管理流程如图4-40所示。

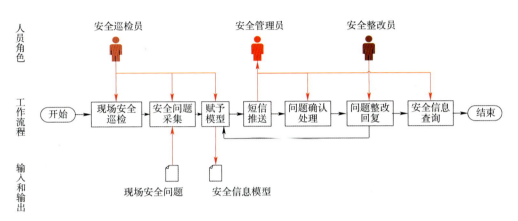

图4-40　现场安全管理流程图

(1) 安全标准可视化交底

利用BIM模型,将施工现场的场景集成到VR设备中,在容易发生危险的地方进行标识,告知现场人员在此处施工的过程中应该注意的问题;安全员在指导现场施工时,可查看模型上对应的现场位置,对现场的施工人员操作不合理的地方进行调整,避免安全事故的发生。将安全的施工方式进行视频模拟,用于警示教育。安全在线交底界面如图4-41所示。

图4-41　安全在线交底界面

(2) 现场安全协同管理

安全员进行现场安全检查,对照模型进行危险源检查,发现安全问题通过利用移动端拍照、录音和文字记录与模型 MBS 相关联,并上传至 BIM 管控平台,安全总监在 BIM 管控平台上做出批示;在施工时,安全员根据批示,找到指定模型位置,在现场指挥整改,并将整改情况再次上传至 BIM 管控平台,实现安全问题的过程控制。

4) 成本管理

在传统的成本管理中,都是基于图纸通过造价软件进行计算,在造价软件中进行相关的成本活动。由于项目成本管理涉及的部门较多,需要预算、仓库、施工、后勤、财务等岗位协同分析、汇总数据才能汇总出项目成本,并且提供的数据滞后,达不到控制的目的。BIM 造价精确性高,搭建完成的 BIM 模型直接统计生成主要材料的工程量,辅助工程管理和工程造价的概预算。通过 BIM 数据库可实现任一时点上工程基础信息的快速获取,自动计算工程实物量,通过合同、计划与实际施工的消耗量,分项单价、分项合价等数据的多项对比,可以有效了解项目运营是盈是亏、消耗量有无超标、进货分包单价有无失控等问题,实现对项目成本风险的有效管控。

京雄城际铁路明挖隧道项目应用 BIM 管理平台中的成本模块,主要解决现场成本消耗管控问题。目前模块主要可实现员工工资管理(图 4-42)、进料明细管理、物料汇总和追溯、物料数据实时跟踪上传功能。

图 4-42 成本管理

成本管控模块设置人机登记表,由各分部信息员记录现场管理人员、作业人员、大型设备等数量,统计并及时上传到平台。

第5章 智能建造技术

5.1 移动式智能工厂

随着我国信息化技术发展、人口老龄化加快,现场施工越来越需要高度集成的机械化和信息化施工装备,实现工厂化的生产和管理。目前施工行业的工厂化主要是临时工厂,以生产预制件为主,可以做到流水线化。但现场施工仍然是零散设备独立施工,难以形成流水线。在这种背景下,本章提出基于移动式智能工厂的施工方法,目的在于通过可移动施工设备的有序组织,实现移动式的工厂化生产。

移动工厂是基于野外作业工厂化的理念,通过将工序标准化,并配以可移动的生产设备,并置于可移动的厂房之中,从而实现将野外无序的生产转变为室内有序的生产。移动工厂可以有效提高产品质量控制水平、生产流程管理水平、生产过程信息化水平、安全防范水平。

移动工厂适用于无支撑明挖基坑的衬砌施工,通过将钢筋台车、模板台车、养护系统集成到一个可移动的厂房中。它将传统工厂中的设备不动、材料流动的运行方式,转变为材料不动、设备流动的运行方式,实现了户外施工工厂化。

通过移动工厂,将野外施工转变为室内施工,雨(雪)季也可以施工,增加了有效工期;增加钢筋台车将钢筋绑扎工序从关键路线中解放出来,实现工厂化流水线作业;通过监控养护环境温度和湿度以维持最优养护温度的方法,加快了混凝土初凝速度,减少每板衬砌养护时间,既满足了工期要求,又保证了衬砌施工质量。

5.1.1 总体组成

移动工厂(图5-1、图5-2)由移动厂房、智能钢筋台车、智能模板台车、智能养护系统组成,这些设备相对位置固定,随着移动工厂整体移动,形成流水线作业。

移动厂房在冠梁上铺设导轨,导轨下方为支护桩结构,厂房横跨于基坑上方,将基坑内的作业区域收纳与厂房内。厂房内外两侧均设有车辆通行道路,材料运输车辆可将材料运送至厂房内,再由厂房自带起重机将材料转移至作业区域(图5-3)。

图5-1 移动式智能工厂模型图

图5-2 移动式智能工厂实物图

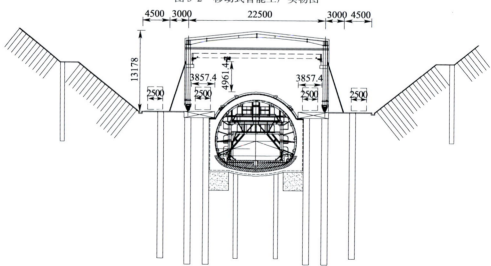

图5-3 平面布置图(1)(尺寸单位:mm)

第5章 智能建造技术

厂房内的设备布置顺序为:钢筋台车在前;模板台车在后;养护系统与外模板连接为整体,与模板台车在同一位置(图5-4)。

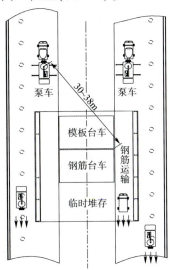

图 5-4　平面布置图(2)

移动工厂的施工流程如图 5-5 所示。

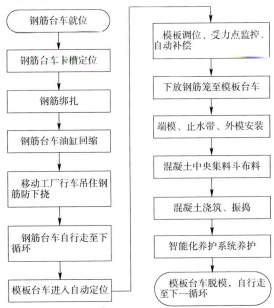

图 5-5　移动工厂施工流程图

为了更加清晰表达施工过程中各设备的相对位置,表 5-1 通过图文形式对其进行分别描述。

施工过程中各设备相对位置　　　　　　表 5-1

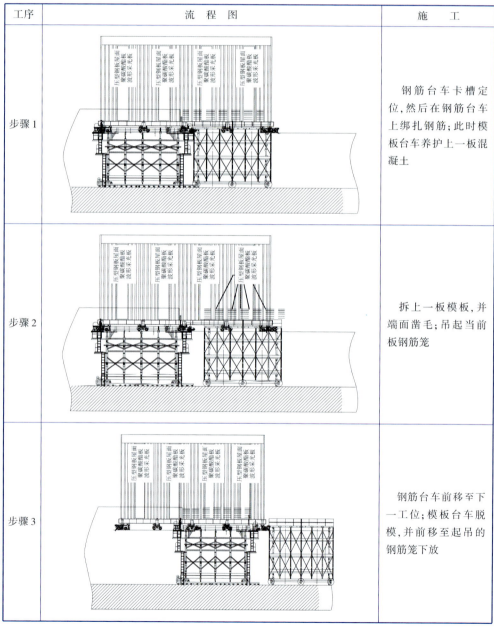

工序	流程图	施工
步骤1		钢筋台车卡槽定位,然后在钢筋台车上绑扎钢筋;此时模板台车养护上一板混凝土
步骤2		拆上一板模板,并端面凿毛;吊起当前板钢筋笼
步骤3		钢筋台车前移至下一工位;模板台车脱模,并前移至起吊的钢筋笼下放

续上表

工序	流程图	施工
步骤4	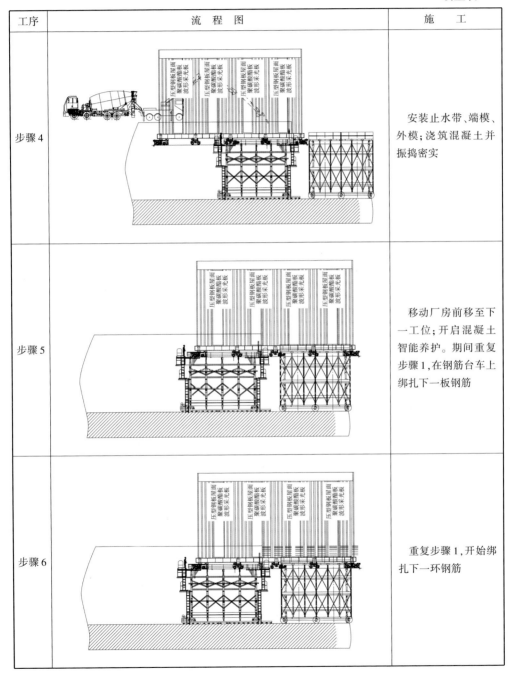	安装止水带、端模、外模;浇筑混凝土并振捣密实
步骤5		移动厂房前移至下一工位;开启混凝土智能养护。期间重复步骤1,在钢筋台车上绑扎下一板钢筋
步骤6		重复步骤1,开始绑扎下一环钢筋

5.1.2 关键子系统及其功能

1) 移动厂房

移动厂房是一个可以沿隧道纵向轴线方向移动的钢结构厂房(图5-6)。其是在钢结构厂房的基础上,配置行走机构,根据作业流程、工位布置,设计厂房尺寸及内部起重机。其主要功能是将野外作业转变为室内作业,最大限度降低环境因素的影响,增加有效作业工时,提高生产效率,改善工人的工作环境。

图5-6 移动厂房

移动厂房参数见表5-2。轨距与基坑外侧支护桩中心距相同,利用支护桩作为轨道基础,不需要另外施工基础。如果是其他类型、无法作为轨道基础的基坑支护结构,则需施工轨道基础。移动厂房为移动工厂内所有设备集中供电,移动厂房自带电缆卷筒,从附近配电柜取电。

移动厂房参数表　　　　　　　　　　　　　　　　　　　　　表5-2

环 境 项 目	参　　数
轨距	22.5m
长度	20m
高度	12.625m
行走速度	1~10m/min
最大轮压	约110kN
轨道型号	QU38
起重机	2台10t电动单梁起重机(遥控操作)
起重机轨顶高度	约8.6m
起重机轨距	约21.3m

第5章 智能建造技术

续上表

环 境 项 目	参　　　数
起重机大车行走速度	3～30m/min
起重机小车行走速度	2～20m/min
电源	AC 380×(1±10%)V,50Hz±1Hz;三相五线制
供电	电缆卷筒供电,总行程中间供电
环境温度	−16～+40℃
最大相对湿度	≥95%
盐雾	有盐雾

2)智能钢筋台车

智能钢筋台车模型如图5-7所示。

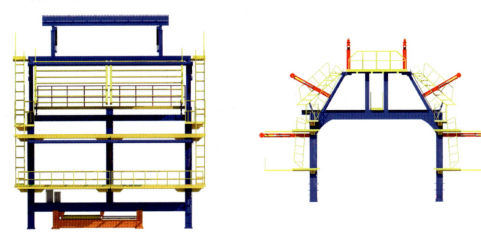

图5-7　智能钢筋台车模型图

智能钢筋由行走机构、托举装置、主体框架、操作平台组成。

行走机构为油缸顶推式,油缸行程为2000mm,行驶速度为18m/h。台车顶升油缸全部缩回,行走装置与地面接触,行走油缸伸出,台车行走;当行走油缸完全伸出后,台车停止行走,台车顶升油缸伸出;当行走装置离地后,停止顶升油缸工作,行走油缸完全缩回。这是行走装置行走2000mm行程的过程。台车继续前进,重复以上动作,台车达到指定位置为止。钢筋台车纵向定位可根据目测和测量来确定,通过行走移动来调节。

托举装置采用伸缩式油缸,台车绑扎钢筋的托举装置左右各分布三排,分别为顶部、拱部和侧向:顶部设置卡槽,可以固定环向筋和环向筋纵向位置;拱部和侧向设置滚轮,结构为大管套小管,大管可以沿小管滚动。这样可以减少环向钢筋环向拖动时的阻力,便于对接仰拱锚杆时的微调。托举装置伸缩油缸行程为600mm,每个位置都预留了伸出余量,可以算出需要预留的伸出余量。侧向平台可以伸缩,拱部平台可以调节,满足绑扎钢筋时操作需要。

台车主体框架钢结构为"门"字形,下方可通行车辆。主体框架支腿处,有可以三向调节油缸。台车绑扎内环钢筋时,可以通过调节竖直方向的顶升油缸来调节台车整体高度,顶升油缸行程为700mm。当台车中心线与隧道中心偏离时,可通过钢筋台车横移油缸来调节,调节量为左右50mm。

钢筋台车的工作流程如图5-8所示。

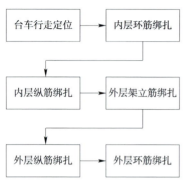

图5-8 钢筋台车的工作流程

与传统钢筋台车[图5-9a)]相比,智能钢筋台车[图5-9b)]优点见表5-3。

图5-9 传统钢筋台车与智能钢筋台车

智能钢筋台车与传统钢筋台车对比表　　表5-3

项目	智能钢筋台车	传统钢筋台车
框架结构	优化设计,强度刚度有保障	结构简易,质量堪忧
行走定位	步履式自行走,定位准确	拖拽行走
断面适应性	调位油缸可适应一定范围内变化的断面形式	一次性使用
钢筋绑扎	伸缩臂胎具辅助精确定位;操作平台调节人与作业面距离,提高工效;一次存储全部钢筋,减少人工搬运,降低劳动强度	人力举升钢筋,劳动强度大,定位不准确;人力搬运钢筋,效率低
安全性	安全可靠的行走平台,作业平台,有效保障作业安全	护栏简易,临时搭板多,安全风险大

第5章 智能建造技术

传统钢筋台车主要用于暗挖隧道施工,其钢筋通过锚杆固定于洞壁,不存在钢筋下挠问题。而明挖隧道基坑钢筋绑扎完成后,钢筋台车离开前需要利用外部力量将钢筋提拉,待模板台车进入后,方可放下钢筋,存在受力转换过程。移动厂房内的两台起重机可以实现钢筋提拉功能,配合钢筋台车将钢筋绑扎工艺从关键路线中解除,以减少每板衬砌施工时间。

3) 智能模板台车

模板台车主要由门架、模板和液压系统组成,具有行走、液压脱模的功能。传统台车的行走脱模控制均为单点手动操作,缺乏有效的集中控制、安全监控和轴线定位功能,具有操作简单、系统可靠、对操作人员的要求较低的特点。如图5-10所示,为隧道台车施工现场,以及其所使用的手动式液压泵站。该台车全部采用手动操作杆操作,人工视觉定位。

图5-10 传统台车施工

为提高施工工效,降低工人劳动强度,提升隧道混凝土的施工质量,传统的液压控制系统已经无法满足现场数字化施工管理的需求。在传统液压台车的基础上,对智能模板台车安全监控系统、液压系统、行走系统及集中监控系统进行设计改进、系统优化。经过分析可知,模板台车自动化需要具备以下能力:

①实现台车行走、模板开合调位的集中控制;
②实现行走速度位移检测、防碰撞检测;
③实现油缸压力位移检测、位移自动同步控制;
④根据控制点测量数据,实现自动定位;
⑤实现可视化监控。

在传统液压台车的基础上开发一套能自动进行轴线定位,自动开/合模,具备行走障碍物监测、关键受力点监测监控等功能的智能模板台车控制系统。智能模板台车的智能化主要体现在以下几个方面。

(1)安全监控系统

①结构受力分析与优化。

本工程为全明挖隧道,隧道混凝土墙厚度达 1.3m,与一般暗挖隧道混凝土厚 0.5m 相差较大。对整体结构受力进行建模计算,分析得到图 5-11 中的应力云图,其应力最大分别为 111.7MPa 和 61.4MPa,均满足施工安全要求。根据项目总体施工组织方案,对其结构功能进行分析,并进行了以下优化:

a. 台车采用从两侧直墙顶部、拱顶外侧下料,但已有厂家台车方案采用的是暗挖隧道施工,从台车内部开始下料,窗和拱顶设置注浆孔,对此进行优化再设计;

b. 根据明挖隧道的受力情况,建议取消抗浮装置;

c. 拱顶模板厂家采用小块模板方案(共 12 块),通过调节丝杆支撑到支护结构上,模板上开有下料孔和振捣孔,拟采用移动工厂内龙门吊,通过专用吊具对模板进行整体倒运,通过桁架将 12 块散拼模板连接起来(模板 + 吊具质量约 35t),如图 5-12 所示。

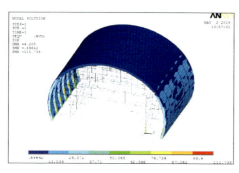
a)模板应力云图

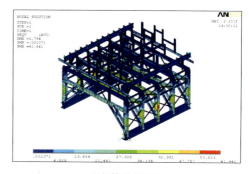
b)架体应力云图

图 5-11 台车结构受力分析(单位:MPa)

②应力监控系统。

为了保证结构安全,除了进行上述的理论分析计算,施工中采用应变传感器对理论危险位置进行实时的动态监控。目前应力测量主要有两种传感器:应变片式传感器和振弦式应力传感器。电阻应变片具有测量精度高、范围广、轻便灵活的特点,然而应变片的安装和维护要求较高;振弦式应力测量方法,具有安装方便、抗干扰能力强、方便维护的特点。所以根据项目施工现场的条件,选择振弦式应力测量系统。

图 5-13a)为振弦式应力传感器,其采用两头焊接的方式安装在结构体上,应力

第5章 智能建造技术

方向与其轴线平行。根据前述的有限元模型受力分析,本台车总共布置16个测量点。

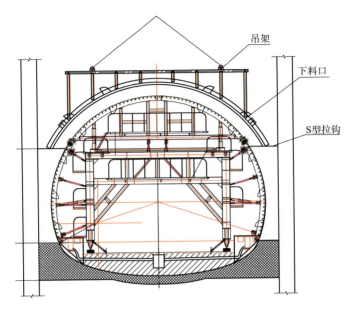

图 5-12　拱顶模板优化方案

a)

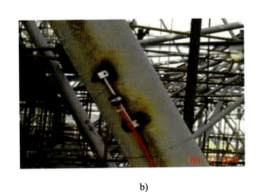

b)

图 5-13　振弦式应力传感器及其安装方式

一个完整的应力测量系统通常由采集仪、传感器(图5-14)、工控机、数据处理软件共同组成。多路传感器采集的频率信号通过有线的方式接入到采集仪,采集仪对信号进行过滤,放大成标准的电压信号,最后采集仪通过串口通信的方式将频率信号传输到工控机,上位机软件对信号进行处理,最终显示结构应力。

· 147 ·

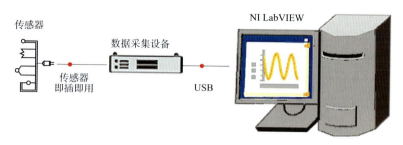

图 5-14 应力测量系统

(2) 液压控制系统

根据模板台车的现有功能，智能模板台车的自动化主要体现在行走、模板调位，它们分别由电机驱动、液压油缸驱动。其中，行走台车有两个主动轮，两个从动轮，主动轮由三相异步电机经过减速器驱动，减速器本身具有减速和缓冲作用，需要对电机进行正反转控制，同时加入更多的测量信息；另一方面，油缸由液压系统驱动，主要由顶升(4个油缸)、侧模开合(4个油缸)、横向调整(2个油缸)共10个执行油缸组成，分开动作无耦合。模板台车动作解析如图5-15所示。

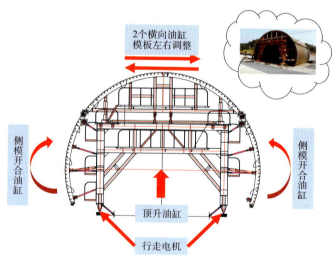

图 5-15 模板台车动作解析

泵站控制子系统对油缸位移压力实时测量，自动位移同步控制，与主控采用现场总线通信，如图 5-16 所示。分别采用进口拉线位移传感器、压力传感器对油缸的位移和压力实时监测，信号 4-20mA，抗干扰能力强，适合远距离传输，所有采集的信号通过总线以通信的方式接到主控系统。

第 5 章 智能建造技术

图 5-16 液压泵站控制系统

(3) 行走控制系统

行走控制子系统一方面控制电机正反转,设置声光报警器,行走时声光报警提示;另一方面实时检测台车移动速度及位移,并显示与主控人机界面,同时设置前方障碍物检测传感器,增加行走主动安全保护,如图 5-17 所示。

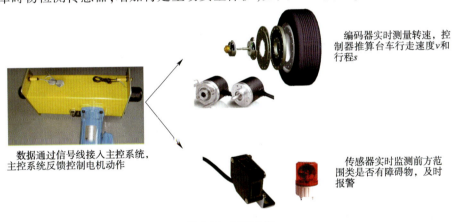

图 5-17 行走系统

(4) 自动定位测量模块

衬砌台车自动定位系统的硬件主要由传感器部分、定位测量终端、工控机部分及电光源系统 4 部分组成。首先以隧道内的已知点作为快速定位的控制点,并在此架设高分辨率长焦数字相机及激光测距仪等。其次在衬砌台车上固定反光片,将其作为激光测距仪使用中的激光反射靶,将激光测距仪所测量的数据信息以及相机成像相关数据信息传入工控机,由工控机对这些数据进行分析和处理,进而得到定位点的数据,得出位置的偏移量。最后再将这些数据传送至系统终端,操作人员可根据这些数据对台车进行准确定位,如图 5-18 所示。

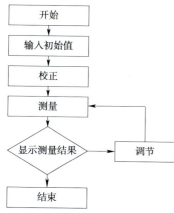

图5-18　自动定位测量模块系统图

（5）视频监控

除了应力监控，对台车各位置设置摄像头进行视频监控，整个系统包含3个摄像头（图5-19），均具有红外功能，其中一个为可控模拟球机，可对台车前后、内部进行视频监控。整个视频监控与工控机通过以太网连接。

（6）集中控制

智能模板台车由多个子系统组成，每个子系统独立运行，它们彼此之间的协同关系到整个系统的运行效率，同时也影响台车的智能化程度，所以需要进行集中协同控制，并最终实现数据联网和远程访问。如图5-20所示为集中控制系统示意图，各系统通过串口及以太网的方式与主控系统工控机相连，主控系统具有很强的通信能力，硬件上可以支持众多的串口和网口，通过通信的方式解决各系统之间信号繁多的问题。另一方面，采用主控系统通过4G网络实时将数据上传至后台云服务器，用户可以通过浏览器或者软件对数据进行访问和监控。

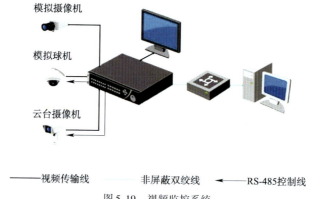

图5-19　视频监控系统

现场集中控制的主控台如图5-21所示，采用触摸屏与工控机的组合，支持纯触摸操作与鼠标键盘操作。台车智能化控制系统软件的操作界面如图5-22所示，分为台车控制、智能养护、钢筋台车等多个模块，可以分别进行设置与控制。

4）智能养护系统

良好的养护是保证混凝土结构在使用期内获得良好工作性能的必要条件，对混凝土的耐久性也有重要影响。传统的养护方式往往不规范、不科学、不精细，以至于养护过程中混凝土强度不足、温度裂缝、收缩裂缝的现象屡见不鲜。随着信息

第5章 智能建造技术

化、智能化技术的进一步发展,利用数字监控技术对混凝土施工期进行仿真模拟及工作形态的监控、整体施工质量的考评,已经成为对工程安全进行评价的新手段。因此为了改进混凝土的养护方法,保证混凝土养护质量,减少早期裂缝的产生,依托京雄城际铁路第三合同段对衬砌混凝土结构开展混凝土智能养护系统研究。

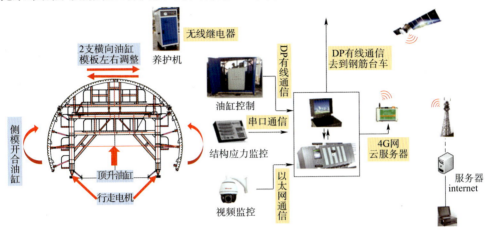

图 5-20 集中控制系统示意图

 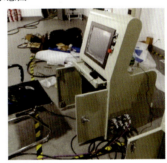

图 5-21 主控台

图 5-22 台车智能化控制系统软件的操作界面

(1)衬砌混凝土结构模型仿真计算和分析

①边界条件。

我国铁道部关于蒸养混凝土的最大养护温度的规定为不宜超过70℃,有试验也表明蒸养过程中养护温度控制在40~60℃,蒸养温度越高混凝土强度发展越快。有研究结果表明,当养护温度超过70℃后,混凝土中就会产生延迟生成钙矾石而导致破坏。适当提高恒温温度会降低高强混凝土的后期自收缩性,但恒温温度不能过高。同时蒸养加速了水泥的水化速度,混凝土内部温度较常规养护偏高,蒸养温度过高有可能导致混凝土的内部温度超过65℃,而铁路规范要求大体积混凝土构件内部最高温度小于65℃。参照混凝土蒸养经验,智能养护的温度参数不宜过高。

隧道衬砌每个施工段为9m,混凝土强度等级为C35,混凝土物理热学参数参考经验值,见表5-4。衬砌混凝土浇筑按照11~12月考虑,浇筑温度按照15℃计算,由于该项目混凝土构件采用带模养护工艺,环境湿度取70%,模外实际湿度可达95%以上。蒸养温度参数结合文献调研的结论,取55℃±5℃。从混凝土浇筑开始,模拟冬期施工混凝土内表1d、2d、3d、5d的温度发展,以及强度发展情况。

混凝土物理热学参考参数　　　　表5-4

强度等级	弹性模量（MPa）	水泥7d水化热（J/g）	热胀系数（℃$^{-1}$）	导热系数[kJ/(m·d·℃)]	比热[kJ/(kg·℃)]	绝热温升（℃）
C35	$4.0×10^4$	298	$8×10^{-6}$	261.6	0.98	39

考虑到夏季混凝土施工,混凝土浇筑温度偏高,环境气温偏高,混凝土的强度发展速度与冬期施工的混凝土相比较快,但内部温度最高温度是否满足不大于65℃的设计要求,还需要进行模拟计算加以验证。因此,取浇筑温度为28℃,其他参数不变,模拟分析夏季混凝土施工衬砌混凝土内部最高温度。

②计算结果与分析。

在以上设定条件下,隧道衬砌内部1d、2d、3d、5d的温度分别为53.1℃、57.5℃、56.2℃、53.2℃,温峰出现时间约为浇筑后第2天,最高温度低于铁路规范设计要求65℃。冬季隧道衬砌混凝土内部温度包络图见图5-23。由衬砌混凝土强度发展曲线可以看出,在该养护环境下衬砌混凝土5d强度约37MPa,满足设计的拆模要求。通过结构模型的仿真模型计算可知,采用55℃±5℃范围的蒸汽对衬砌混凝土进行养护,混凝土5d强度可达37MPa,同时内部最高温度低于65℃,满足设计要求。

第5章 智能建造技术

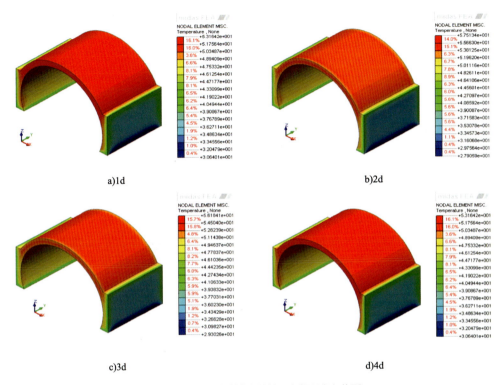

图 5-23　冬季隧道衬砌混凝土内部温度包络图

③模型试验。

通过对比小尺寸混凝土模型在普通养护系统和智能养护系统下，混凝土强度、内部最高温度、内表温差等变化规律，验证智能养护系统的养护效率是否比普通养护系统有所提高。

采用与京雄城际铁路隧道混凝土结构相同的原材料，成形两组混凝土结构模型，强度等级为 C35，尺寸为 $1.0m \times 1.0m \times 1.0m$，周围环境温度 $-4 \sim 8℃$，带模分别置于标准养护系统和智能养护系统内，标准养护条件为温度 $20℃ \pm 2℃$，湿度不小于 95%；智能养护条件为温度 $55℃ \pm 5℃$，湿度不小于 95%；将养护机的程序设置为养护环境温度低于 $50℃$ 启动加热程序，温度为 $55℃ \pm 5℃$ 时启动保温程序，温度大于 $60℃$ 时停止供蒸汽。在两个养护系统中放置同条件养护的抗压强度标准试块，通过温度传感器监测模型试块内部最高温度和内表温差变化情况，分别在龄期为 1d、2d、3d、5d、7d 时，测试同条件养护试块的抗压强度，对比分析两个养护系统条件下混凝土强度的变化规律。

在模型试验过程中，智能养护系统可以对养护环境的温度进行自动控制。分别对比了混凝土在智能养护和标准养护条件下,1d、2d、3d、5d、7d 的抗压强度和混凝土温度变化数据,具体如表 5-5 所示。

不同养护条件抗压强度对比　　表 5-5

养护条件	抗压强度(MPa)					周围环境温度(℃)	养护环境温度(℃)	最高温度(℃)	内表温差(℃)
	1d	2d	3d	5d	7d				
智能养护	10.3	23.7	31.1	36.4	37.1	−4~8℃	60	63	<5
标准养护	2.7	12.5	17.9	23.8	28.7		20	41	>21

从表 5-3 的试验结果可以明显看出,不同养护条件下,试件抗压强度随养护龄期的延长而增大。智能养护条件下混凝土 1d、2d、3d、5d、7d 的抗压强度分别达到设计强度的 29%、68%、89%、104%、106%,标准条件下分别是 8%、36%、51%、68%、82%。由此可知混凝土在智能养护条件下早期强度发展迅速,5d 即可达到设计强度,相同龄期的强度值也明显高于标准养护试件的强度值。

由温度监控数据可知,智能养护条件下混凝土内部最高约 63℃,满足铁路工程大体积混凝土的指标要求(<65℃),标准养护条件下混凝土内部最高约 41℃,这是因为智能养护温度较高,促进水泥水化反应放出了大量的热量。但是智能养护条件下混凝土结构内表温差仅为 5℃,内表温差几乎消失,不存温度梯度影响,提高了混凝土结构的抗裂性能。

由模型试验的结果可知,冬季 C35 混凝土在养护温达到 60℃,湿度达到 85%以上时,强度发展迅速,5d 即可达到混凝土的设计强度,1d、2d、3d、5d、7d 等早期强度相比标准养护条件下的试件强度有明显提高,满足项目施工 5~7d 达到混凝土设计强度 100% 的要求。同时智能养护可以有效降低混凝土结构的内表温差,基本消除温度梯度,降低开裂风险。

(2)智能温控及养护系统研制

①智能温控及养护系统功能设计。

智能养护系统的功能主要包括混凝土内外温差控制功能、养护区域环境温湿度控制功能以及工况信息实时监控功能三大模块。

a.混凝土内外温差控制功能。

内外温差控制功能设计理念是"外保内散",结合隧道混凝土原材料、结构特点、设计参数,进行计算机模拟计算,预判混凝土结构在水化放热阶段可能出现的最高温度和相应的结构位置。然后通过预埋无限温度传感器,实时监测混凝土的温度,根据设计指标要求的内外温差允许范围,动态调整养护区域的环境温度,实现混凝土内外温差的智能控制功能。

b. 养护区域环境温湿度控制功能。

养护区域环境温湿度控制功能是在养护区域的关键位置悬挂温湿度传感器，实时监测区域内的温湿度，并将信号传达至智能养护机，养护机结合混凝土结构内部预埋的温度传感器反馈的信号，动态调整养护机程序，在实现养护区域环境温湿度智能控制的同时，控制混凝土内外温差在设计的参数范围内。

c. 工况信息实时监控功能。

工况信息实时监控功能设计是建立一个养护系统控制中心，将所有养护段的养护工况信息实时汇总，若某养护段养护工况发生异常，控制中心会自动启动报警装置。若报警程序在规定时间之内未能解除，控制中心会将信息传达至相关技术人员。

②智能温控及养护系统组成。

智能温控及养护系统组成主要包括智能养护机、养护棚和控制系统三大部分。

a. 智能养护机。

智能养护机主要由升温装置、加湿装置、无线接收控制装置和自动控制装置组成。升温装置通过加热空气，形成一定温度的暖风通入养护区域，提高养护区域的温度；加湿装置采用超声雾化装置将常温水变成粒径很小的水雾，雾化效率高、需水量少，保证养护区域的湿度的同时防止积水、结冰等现象；无线接收控制装置可实时接收控制系统发出的指令；自动控制装置根据指令控制升温装置、加湿装置，使养护区域的温湿度和混凝土的内表温差维持在设计要求的范围内。智能养护机主要组成部件如图 5-24 所示。

b. 养护棚。

由于隧道外表面面积较大，如若制作一个刚性养护架，必将导致运输、拆装和吊运等工序困难，不方便施工。故利用双层养护篷布与外模板的横向肋板搭接，形成一个相对密封养护空间，这样不仅节省了刚性骨架加工、运输等费用，养护篷布质量轻，方便现场工人搭接施工，而且养护篷布与横向肋板形成的养护空间相对较小，升温养护过程中温度易于控制。每个养护段长度为 9m，每块模板宽度 1.5m，每侧 6 块模板，共计 12 块，设 6 块养护篷布。每块养护篷布内侧黏结柔性排气管，排气管每间隔 1m 设置一个排气孔，养护篷布与外模板肋板采用 G 字夹活动固结，防止养护篷布在大风条件下与模板分离；相邻养护篷布搭接方式采用双道魔术贴密封和活动卡扣固结。养护棚搭接流程、养护篷布与模板肋板的搭接方式、相邻两块养护篷布搭接所用配件如图 5-25 所示。

a) 升温装置　　　　　　　　b) 无线接收控制装置

c) 加湿装置　　　　　　　　d) 雾化效果

图 5-24　智能养护机主要组成部件及雾化效果

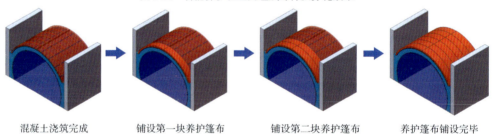

混凝土浇筑完成　　铺设第一块养护篷布　　铺设第二块养护篷布　　养护篷布铺设完毕

a) 养护棚搭接流程

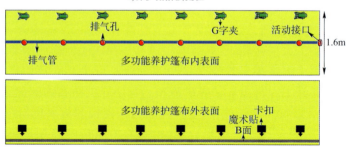

b) 端头养护篷布A块

图 5-25

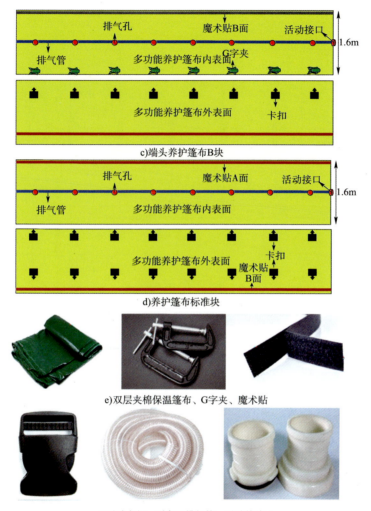

图 5-25 养护棚搭建及其所用配件示意图

养护完毕后,养护篷布可快速拆卸,移动至下一个养护段拼装成形进行养护,方便快捷,在提升工程效率的同时节省成本。

衬砌外模混凝土养护系统总体布置如图 5-26 所示。智能养护机产生一定温度湿度的气体通过管路通入养护棚内,同时养护机再将养护棚内温度降低区域的空气抽入养护机内,加热后再排入养护棚内,形成一个循环的加热系统,提升养护棚内升温速率的同时节省能源。衬砌内模混凝土养护系统总体布置如图 5-27 所示,同样采用循环加热系统、保温篷布封闭养护段隧道口两端,将智能养护机置于养护段中间,进行循环加热养护。

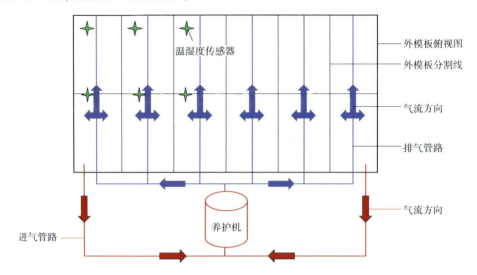

图 5-26 衬砌外模混凝土养护系统总体布置示意图

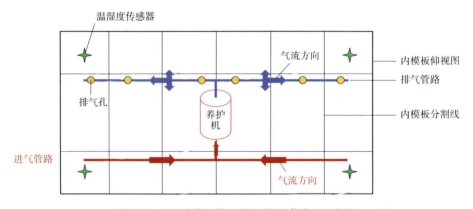

图 5-27 衬砌内模混凝土养护系统总体布置示意图

c. 控制系统。

控制系统主要由前端数据采集、终端数据接收处理控制和远端工况查询监控等部分组成。智能养护系统示意如图 5-28 所示。

控制系统的功能可体现为数据实时采集、数据分析、智能控制、存储查询等。系统具体功能介绍如下。

（a）数据实时采集:通过前段传感器采集混凝土的内部温度、养护区域的温度

第 5 章 智能建造技术

湿度及周围环境的温度,并将数据实时传输至现场控制软件和远端监控平台。衬砌混凝土的内部温度测点如图 5-29 所示。

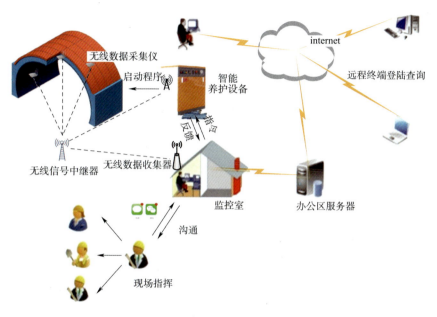

图 5-28 智能养护系统示意图

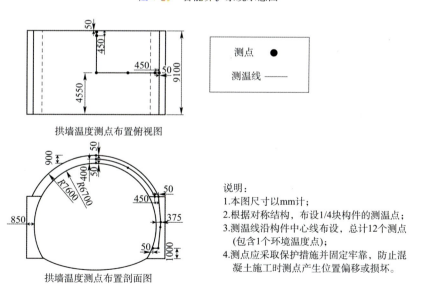

说明：
1. 本图尺寸以mm计；
2. 根据对称结构，布设1/4块构件的测温点；
3. 测温线沿构件中心线布设，总计12个测点（包含1个环境温度点）；
4. 测点应采取保护措施并固定牢靠，防止混凝土施工时测点产生位置偏移或损坏。

图 5-29 衬砌混凝土的内部温度测点图(尺寸单位:mm)

（b）数据分析：现场控制软件对采集数据进行处理分析，根据预先设定的处理规则，判断混凝土所处的养护阶段。

（c）智能控制：系统根据混凝土所处的养护阶段，向智能养护机发送对应指令，养护机启动对应程序，完成该阶段的混凝土养护。智能控制流程如图5-30所示，现场控制软件的可视化界面如图5-31所示。

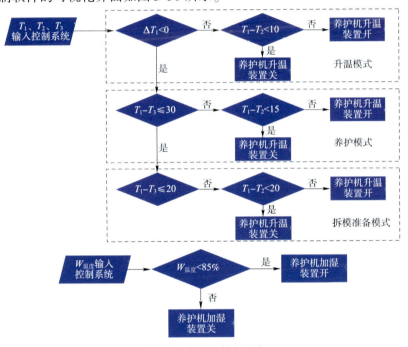

图5-30 智能控制流程图

注：T_1-混凝土内部最高温度；T_2-外模养护区域温度；T_3-周围环境温度

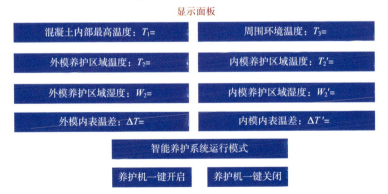

图5-31 现场控制软件的可视化界面

第 5 章　智能建造技术

（d）存储查询：远端可将接收到的工况信息存储下来，后台根据需要设置不同权限的账号，包括管理人员账号和用户账号，并赋予账号不同信息的查询权限。设置多平台查询访问，可通过 PC 端或者微信公众号登入查询。

（3）智能养护系统工艺流程

智能养护系统分为外模养护系统和内模养护系统。同时隧道衬砌结构混凝土养护分为两个阶段，第一阶段是混凝土浇筑后，采用智能温控及养护技术将混凝土的强度达到拆模强度，在保证混凝土内表温差在设计允许的范围内（20℃以内）进行拆模；第二阶段是拆模后的普通养护阶段，因为此时混凝土的内部温度还处于较高状态，冬期环境温度较低，直接暴露于空气中，可能会因内表温差过大带来温度裂缝的风险，因此冬期拆模后还应采取表面保温措施，直至混凝土内部温度降至内表温差降至安全范围以内；夏季环境温度高，空气湿度较低，混凝土表面可能会因失水干缩形成表面裂缝，因此夏季拆模后应采取保湿养护。内外模养护工艺具体流程如下。

①外模养护系统工艺流程。

a. 拆模前养护。

衬砌混凝土浇筑前按照预先设计的混凝土的内部温度测点图，埋设温度传感器，监测混凝土内部温度变化。混凝土浇筑完毕后，迅速将多功能养护篷布搭设在外模模板上并密封固定，在养护区域布置温湿度传感器，监测养护区域温湿度变化，在养护区域外侧布置温度传感器监测周围环境温度变化。然后用保温管将养护区域外侧的养护机与多功能养护篷布中的排气管连接，启动养护机开始对衬砌混凝土结构的外模侧养护，控制系统通过收集分析混凝土内部温度、养护区域温湿度及周围环境温度数据，根据控制程序处理数据，并向养护机发出相应的控制指令，养护机根据控制指令运行相应的养护模式，直至满足拆模要求。

b. 拆模后养护。

外模拆除后，由于冬期温度较低，应立即在表面覆盖棉被或土工织物进行保温，直至混凝土内部温度与环境温度差值在 20℃ 以内方可拆除。若在气温较高的季节，拆模后应采取保湿养护，例如洒水或覆盖湿润的土工织物等。

②内模养护系统工艺流程。

a. 拆模前养护。

混凝土浇筑完毕后，在衬砌内模侧安装温湿度传感器，监测内模养护区域的温湿度变化，然后采用保温篷布制作成门帘将养护段的两端口封闭，将养护机置于隧道内，布置好排气管路，启动养护机，开始衬砌混凝土结构的内模侧养护。养护系统的温湿度控制逻辑与外模侧养护一致，直至满足拆模要求。

b. 拆模后养护。

内模拆除后,养护段隧道两端的门帘暂缓拆除,冬季时在内部布置暖风机维持温度,直至混凝土内部温度与环境温度差值在20℃以内方可拆除。若在气温较高的季节,在内部布置小型超声雾化器保证湿度。

养护系统工艺流程如图5-32所示。

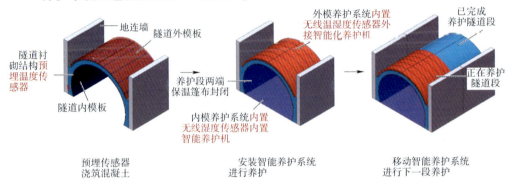

图5-32 养护系统工艺流程

5.1.3 应用成效

移动式智能工厂成功应用于京雄城际铁路示范段,隧道长度400m。与传统施工方法相比,该方法明显提升了工效,并保障了衬砌质量。通过将钢筋绑扎从关键线路中分离出来,减少每板衬砌施工周期2d;通过混凝土智能养护,减少每板衬砌施工周期2d;通过改善工作环境,提高工作效率,减少每板衬砌施工周期2d。每板衬砌施工周期减少6d。同时,因为机械化程度提高,工人人数也大幅度减少,具体对比见表5-6。

传统施工与移动工厂施工对比　　　　表5-6

项目	传统施工方法	移动工厂施工方法
工效	每板平均工期12d	每跨平均工期6d
主要设备	4台25t汽车吊(3万元/月) 2台模板台车(100万元/台) 2套标准养护系统(50万元/套) 2台养护棚(5万元/台)	移动厂房(270万元)摊销50%(135万元) 钢筋台车(50万元) 模板台车(100万元) 监控养护系统(100万元)
人工	2套常规班组 共30人[1万元(人·月)]	1套精简班组 共10人[1万元(人·月)]
费用合计	688万元	475万元

第 5 章　智能建造技术

5.2　长大基坑信息化监测技术

5.2.1　基坑工程监测介绍

1）基坑工程监测发展现状

基坑工程，尤其是深基坑涉及的场地地质条件、施工工序复杂，受岩土力学理论、技术和经济条件的限制，目前几乎不可能在设计阶段就准确预测和评估岩土体在施工、运行过程中的动态响应。因此，基坑工程的安全不仅取决于合理的设计、施工，而且取决于贯穿始终的工程施工监测。施工监测为保证工程安全提供了科学依据，为设计的调整和指导施工提供了可靠资料。监测成果深化了对岩土介质物理力学性质的认识，为提高岩土工程的理论和技术水平积累了丰富的经验，是达到信息化施工的关键。

20 世纪初期，欧美国家的高层和超高层建筑的迅速发展，为保证基坑开挖安全，一些大而深的基坑不得不采用一些监测仪器进行监测。20 世纪 60 年代末期，大量的传统监测仪器在美国和奥斯陆的大型基坑中被使用，进行多方面的地基变形监测，受到了广泛好评，也预防了一些塌方事故的发生。

在我国，监测工作最早出现在水利工程中，如 20 世纪 50 年代初在丰满、佛子岭和梅山等混凝土坝仅进行了位移、沉降等传统测量的外观变形观测工作。随后，在上犹江、响洪甸坝埋设了温度计、应变计和应力计等，开展了监测工作。20 世纪 50 年代末期，在新安江、三门峡等大型混凝土坝开展更大规模的监测工作。20 世纪 90 年代以后，随着城市化进程的加快，对地下空间的需求不断增长，监测技术在基坑工程领域得到了快速发展。

基坑监测技术和监测仪器的发展是相辅相成的，它们相互推进，相互影响，为了基坑开挖施工安全，要求基坑监测手段不断进步，这就使得一些监测仪器元件的不断更新换代，推动了监测技术的发展。反过来监测仪器元件的发展也使基坑工程监测更加方便，更加安全。

1932 年美国人卡尔逊发明了差动电阻式传感器，成为 20 世纪 70 年代以前广泛使用的仪器；德国人谢弗于 1919 年发明了最早的钢弦式仪器，但直到 20 世纪 70 年代，随着微电子技术、半导体技术的发展出现高精度频率计后才开始流行弦式仪器。由于弦式仪器的精度和灵敏度都高于差动电阻式仪器，并且结构简单，容易实现自动巡检，因此，近年来弦式仪器的发展很快。

国内在 1958 年水利水电科学研究院开始研制和生产差动电阻式仪器，1968 年南京电力自动化设备厂开始生产差动电阻式应变计、测缝计、钢筋计等。经过几十年的努力,我国的差动电阻式、电容式、钢弦式等十多种监测仪器在性能和自动化程度方面都取得了很大改进和发展,生产厂家众多,总体上满足实际需要,在价格方面也有明显优势,但部分产品的可靠性尚须进一步提高。

20 世纪 80 年代以来,国内结合一些重大工程研究,确定了一批以光学水准仪、经纬仪及全站仪为代表的测量仪器,对这些仪器的技术指标、适用条件、稳定性等也有了评定标准,仪器的安装与观测的标准化、程序化和质量控制措施也在逐步形成、完善。

20 世纪 90 年代,随着光学测量仪器以及弦式传感元件的逐步国产化,越来越多的监测手段被运用至基坑工程中,自此,传统的监测手段在国内已基本成型。

90 年代末期,自动化监测技术开始问世,目前较多应用在地铁的深基坑工程中。SlopeIndileotr 公司开发出可监测岩土及结构位移、应力监测的硬件和一些相应的数据处理等软件。随着无线通信技术和人工智能的兴起,深基坑工程的自动化正在迅速发展。

2006 年,陆敏询和余培仙等介绍了一种用于基坑开挖工程中的可编程自动化控制器,即 PAC,该控制器的稳定性高,可实现数据采集、数据传输和智能决策,适用于施工环境极为复杂的深基坑工程的施工过程监测。2008 年,吴振军和王浩等开发了一种基坑监测信息管理与预警系统,该系统的开发基于 GIS 的可视化技术,可采集多个基坑工程的勘察到施工的信息、监测信息和周边环境信息,并对信息进行储存、处理、分析和决策,这为深基坑工程的监测工作带来了极大便利,也对监测技术的发展有很大的推动作用。

2012 年,刘忠信和王怀宝介绍了采用 GPS 技术对深基坑工程进行监测,可实现监测的连续化和自动化;与传统监测手段相比,其可以降低监测成本,也可为监测工作带来很多便利。

2015 年,张君华和张宇琳等采用 C#语言进行编程,并利用 GeoCOM 接口技术,研发出可进行数据采集、数据储存、数据处理和决策的测量机器人。利用智能机器人进行深基坑工程的监测工作是一个很好的发展前景。

2016 年,何宏盛和梁超等开发了采用 Zigbee 技术的深大基坑无线监测系统。该系统可实现数据采集、数据分析、预警反馈及结果输出等功能。

2016 年,沈雯在上海某深基坑的监测工作中运用了自动化监测技术,通过无线传输技术,使监测人员可在远程室内获取监测数据。

近年来,随着通信网络的迅速发展,利用 4G、5G 网络搭建的云平台系统逐渐运用到工程监测中,结合移动终端设备,实现了计算机软件、手机 App 远程监控,在嵌入多功能处理模块后,逐步实现整个监测工作无人化、可视化、信息化。

2) 基坑监测传统技术手段

传统基坑监测是指监测人员针对各监测项目,使用专业的监测仪器设备,对各项目的监测点进行周期性监测,通过监测点不同时期的数据来反映基坑各监测项目的实际变形状态,从而判断基坑整体的安全状态。基坑监测常见监测项目及所用仪器见表5-7。

基坑监测常见监测项目及所用仪器　　　　表5-7

序号	监测项目	监测目的	所用仪器设备
1	基坑内外巡查	了解基坑土质和围护结构裂缝及渗水情况	现场巡视
2	支护结构顶的水平位移监测	了解在基坑开挖过程中围护结构顶部的水平位移变化情况	全站仪
3	支护结构顶的水平竖向监测	了解在基坑开挖过程中围护结构顶部的竖向位移变化情况	电子水准仪或全站仪
4	桩(墙)体深层水平位移	了解开挖过程中桩(墙)身位移情况	测斜仪
5	支撑轴力	了解开挖过程中支撑内部受力情况	钢筋计、轴力计、频率读数仪
6	立柱沉降	了解施工过程中因土体开挖卸荷造成的坑底变形情况	电子水准仪或全站仪
7	基坑周围道路、建筑及管线沉降	了解在基坑开挖过程中周围建筑物、管线及管线的竖向位移变化情况	电子水准仪或全站仪
8	地下水位监测	了解开挖降水过程中对周围地下水水位的影响	水位计、电子水准仪或全站仪

常见的基坑监测项目主要分为三大部分:变形类监测、水位类监测、应力类监测。

传统的基坑监测手段,是专业监测人员在现场通过操作观测仪器对已预埋的感应单元或测量元件进行取值,结合室内简单的数据处理,对采集数据通过时间和空间上的对比分析,绘制变形曲线,总结归纳各参数的变化规律的过程。如图5-33和图5-34为人工采集监测数据的现场照片。

截至目前,传统监测手段仍作为主要监测方式出现在国内外大部分基坑工程中,其操作可行高、适应现场作业环境、灵活多变且成本可控,适用于作业环境好、项目安全风险低、工期充裕的一般项目。

复杂环境下高速铁路长大明挖隧道建造技术创新实践

图5-33　人工采集土体深层水平位移数据　　　　图5-34　人工采集墙顶竖向位移数据

3）基坑监测信息化发展趋势

随着改革开放后国内经济的快速发展，我国基建工作于20世纪90年代也掀起了一阵建设热潮，在众多超高层建筑、大型市政交通工程、高速公路、铁路的建设中，技术难度高、施工风险大、工期紧张的大型项目逐步涌现，传统的基坑监测手段已不能全部满足国内先进基建者对深大基坑风险控制的需要。

国外大量的先进传感器、测量设备供应商如雨后春笋般涌入国内市场，国内也相继出现一批制造精良、性能可靠的制造商。如前所述，市场紧迫的需求和科技的发展带来成本的快速下降，使全方位、大范围的自动化监测越来越成为可能，精细化监测给工程安全带来的好处会进一步促进新型传感器、监测方法和设备的研制。精度更高、体积更小、耐久性更强及更可靠的传感器逐步出现。监测范围将从传统的按关键断面布置扩展到全空间布置，监测时间跨度将从施工期延伸到建（构）筑物全生命周期，监测项目将从少数物理量发展到位移、应力、应变、力以及其他基本物理性质的多场耦合监测，监测的手段将从传统的光学、电磁、声学方法发展到地震、化学及重力等方法。测量机器人现场工作如图5-35所示。

图5-35　测量机器人现场工作图

第5章 智能建造技术

信息化监测技术的推进主要得益于通信网络的快速发展,使得大数据量的无线(或有线)传输成为可能,同时计算机技术的进步为数据的提取提供了便利。与传统监控系统相比,自动化监测在数据采集阶段,便以自动化的形式体现。常见基坑自动化监测具体工作流程如图5-36所示。

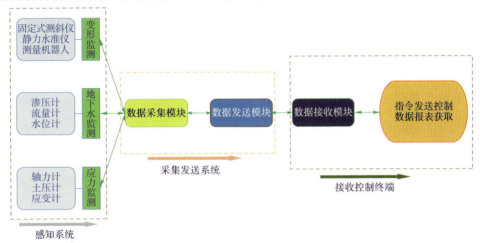

图5-36　常见基坑自动化监测工作流程

在目前常用于基坑监测工作中的信息化工作模式已基本成熟,主流的先进元件和仪器生产厂家在终端开通无线通信传输端口,通过4G和最新的5G无线通信网络或光纤,实现指令发送、数据传输的远程化,配合各自解译软件,实现数据采集的远程化。

5.2.2　基坑信息化监测技术

近年来,在计算机技术迅猛发展的势头下,监测数据的可视化、全流程的信息化越来越成为各大科研机构以及先进厂家角逐的新战场。基于自动化监测技术的日趋成熟,以测量机器人、开放式传感设备为感应系统,以宽频域、电阻等为代表的采集模块和无线通信模块组成的采集发送系统,以末端接收模块、计算分析、分级预警、自动控制模块组成的综合处理系统,结合面向对象的云端平台开发,使得信息化监测技术成为现实。常见基坑信息化监测工作流程如图5-37所示。

1) 自动化采集系统

以全自动全站仪(又称为测量机器人)为例,全自动全站仪自动化采集系统主要用于管理设备进行数据的采集、接收、处理和入库,主要设备包括高精度全站仪、配套集成设备(包括通信箱、变电箱、天线等)、棱镜、服务器等,如图5-38所示。

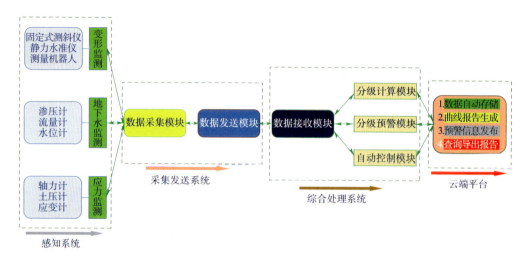

图 5-37 常见基坑信息化监测工作流程

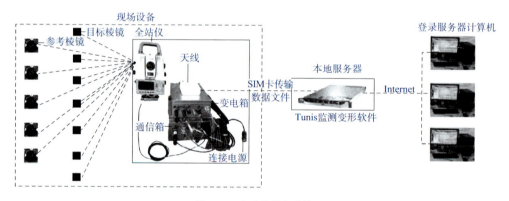

图 5-38 自动化采集系统

全站仪通过数据线与通信箱相连,通信箱中配备有计算机主机和路由器,同时箱体上安装了传感器,传感器和路由器都与计算机主机相连,路由器同时与外接天线相连,外接电源通过变电箱接入通信箱。自动化采集设备连接示意如图 5-39 所示。

通信箱中计算机主机上安装了全站仪测量管理程序和数据传输程序,用户可以在现场通过网线直接将笔记本电脑与主机连接或通过网络访问主机。

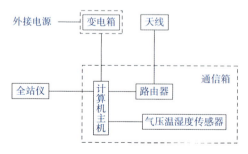

图 5-39 自动化采集设备连接示意图

2)综合处理系统

综合处理系统主要用于控制采集周期、传感器和测点录入、数据有效性判别等。根据用户设定对目标文件中的数据进行处理,用户可以预先选择输出监测结果的时间间隔,软件根据在该时间段内的所有监测数据文件,经过修正和平差处理,输出本次目标值,并生成图表,用户可登录服务器查看数据和变形曲线图,同时也可以查看本次的平差结果。监测数据判别流程如图 5-40 所示。

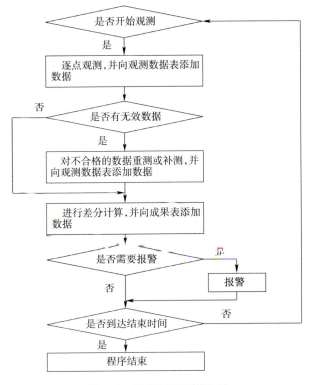

图 5-40 监测数据判别流程图

当监测数据处理软件监测结果出现预警时,服务器会自动向云端平台发送预警通知,及时反馈给用户。监测数据处理系统的监测点数据时态曲线示意如图 5-41 所示。

5.2.3 监测云平台

监测云平台作为用户终端,主要用于监测系统参数设置、账户和项目的配置以及数据的查询、反演分析、可视化展示等,如图 5-42 和图 5-43 所示。

复杂环境下高速铁路长大明挖隧道建造技术创新实践

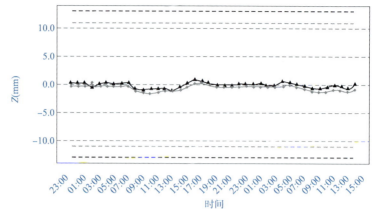

图 5-41　数据时态曲线示意图

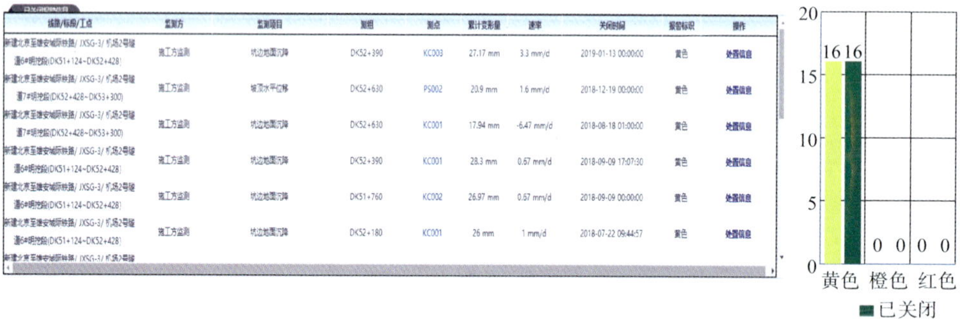

图 5-42　平台中查看监测数据列表信息

图 5-43　平台中通过空间分布情况展示各监测点位管理信息

区别于普通自动化采集技术，信息化监测技术是集自动监测数据的采集、分析、预警、报告曲线编制、数据查询导出、指令发送于一体的信息管理技术。通过信息化监测系统可以实现自动监测仪器数据的采集、数据传输汇总以及数据的远程实时查询,保证工程数据的及时处理,在工程出现问题的第一时间发出预警并采取响应措施,保障工程的安全进行。其技术特点可以概括如下:

①嵌入分析计算模块后,原来人工处理的数据由平台程序自动完成,主要体现在测点数据速率计算、累计变化计算、与设定预警数据对比分析。

嵌入分级预警模块后,根据分析计算模块运算结果,通过对比分析,如达到预警管理等级,自动启动预警模块,执行预定指令;在日常监测工作阶段,可通过自动控制模块设定监测间隔时间、起始时间、监测项目等。在启动预警后,根据预设信息,结合预警等级自动加密监测频率。

②云端平台:实时存储采集数据;可预设报告格式,自动调用库存数据生成监测报表、时间曲线、空间曲线;可预设报警短信或报警铃声、紧急联系人、各管理单位责任人,根据预警管理等级实时通过短信形式向预设联系人发布预警快报;支持授权管理人员通过计算机软件或手机 App 实时查看、下载监测原始数据、监测报表。

5.2.4　测量机器人在京雄铁路基坑监测中的应用

1) 项目概况

新建北京至雄安新区城际铁路工程机场 2 号隧道项目正线里程全长 7948m,全线采用明挖法施工,隧道开挖范围内土体主要为黏性土、粉土、粉砂,土质松软,工程地质条件较差。基坑周边环境相对较为简单,以农田林地为主,基坑南面及西面各有一条乡村道路,西面道路距离基坑约 5m。基坑周边无重大建构筑物,在基坑影响范围内无地下建构筑物。基坑开挖最大深度到达 25m(不考虑放坡深度),为典型剖面一级基坑,基坑检测内容较多,涉及基坑开挖监测的全部内容。

本项目监测存在如下难点:

①机场 2 号隧道为本合同段控制性工程,沿线地质情况复杂,段落基坑侧壁存在粉砂地层,地层自稳性差,施工监测安全风险较大;基坑明挖段施工易发生局部坍塌或失稳需对过程中,须对基坑结构及周边土体变形进行动态控制,对数据精度和可靠性、及时性预警与反馈提出很高的要求。

②机场 2 号隧道施工多段开工,大剖面交叉作业,项目工期紧传统监控量测作业及测点测线保护影响较大,需要投入大量的人员和设备,现场组织和资金投入都比较大。

2) 技术应用情况

为了保证现场的监测工作顺利开展,在永定河河槽段深基坑设置试验段,采用测量机器人配合智能测量控制器及监测云平台进行边坡地表沉降和位移自动化监测。

永定河河槽段采用大放坡＋双排围护桩的支护方案,冠梁顶高程设置11m宽平台,采用多级放坡方式,单坡最大高度为8m,坡间设置2～3m平台,上部土体采用喷混凝土＋钢筋网＋土钉防护,频率1:1.25～1:1,放坡平台采用喷混凝土＋钢筋网硬化处理。两排桩布置方式相同,均为 $\phi 1000mm@1300mm$,排间净距为3.0m,桩顶布置板梁。图5-44为河槽段基坑俯拍图。

图5-44 河槽段基坑俯拍图

（1）测量机器人监测系统

自动监测系统的基本工作思想:在测站点上安置测量机器人(对于基坑监测来说,一般是在基坑影响范围外选取稳固的点作为假设仪器),将棱镜安置在目标点和基准点(一般也要选取在基坑影响范围外的地方,可视为基准点是稳固不变的)上,利用通信电缆将计算机和测量机器人连接起来构成基站,通过测量获得基准点和目标点持续的周期性的观测数据,根据每周期的基准点数据对目标点进行实时差分改正、比较得出目标点的三维变形量,从而对目标点的变形趋势、安全性作出分析。具体监测系统布置如图5-45所示。

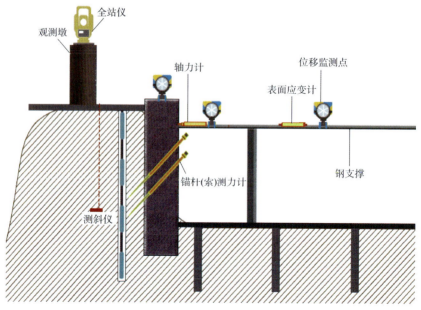

图5-45 监测设备埋设示意图

第5章 智能建造技术

①测量机器人。

选用徕卡 TS60 超高精度全站仪,俗称测量机器人,集成了当前市场上最高精度的测角和测距系统,测角精度 0.5″,自动照准距离达到 3000m,具备自动对焦功能,取代人工对焦环节,避免远距离人工难以照准的不足,提高测量效率。此外,仪器具备 IP65 超高防尘防水等级、高分辨率的图像测量技术和智能电源管理系统等,保障了仪器在恶劣环境下的高精度、高效率,可全天候、智能化地完成监测工作。

②智能测量控制器。

选用 DT-IMC1000(简称 IMC)智能测量控制器,IMC 内置工控电脑及针对结构安全监测的各类传感器的采集与数据解算软件,可直接连接操控全站仪,通过 SIM 卡拨号上网并将监测数据上传到数据中心,特别适用于地铁隧道、基坑、边坡等场所的变形监测,如图 5-46 所示。

图 5-46　IMC 智能测量控制器

③监测云平台。

IMS 监测云平台基于 B/S 机构,包含采集端、配置端及分析端,其中采集端主要用于管理设备进行数据的采集、接收、处理和入库等,配置端主要用于配置工程项目中的采集周期、通道、传感器和测点等信息,分析端则主要用于系统机构、账户和项目的配置以及数据的查询、分析、展示等。IMS 监测云平台登录界面如图 5-47 所示。

(2) 监测方法

根据本工程的具体情况,依据有关规范的规定和设计要求,为了提供监测效率及观测精度,降低外业测量人员的劳动强度,本监测项目采用观测墩的形式监测数据,考虑到俯角及障碍物,在基坑两侧各布置一个观测墩测站,采用对向观测的方式,保证测站覆盖范围的最优化,如图 5-48 所示。

图 5-47　IMS 监测云平台登录界面

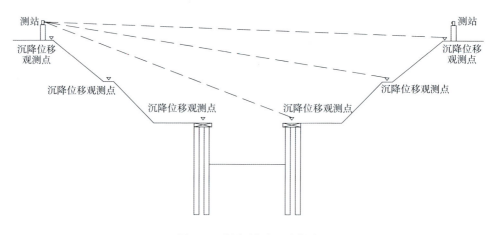

图 5-48　监测系统布置示意图

①测站设立。

为了保证观测墩的稳定性,本项目观测墩基础设在原地面以下 1m 处,基础尺寸为 1.5m×1.5m。观测墩内部采用钢筋骨架,混凝土强度等级为 C20,顶部采用通用型强制对中基座预埋,顶部尺寸为 30cm×30cm 的正方形结构,整个观测墩的高度为 3m,如图 5-49 所示。

②后视基准点的埋设。

基准点的位置选取在基坑影响区外,保证其稳定性,基准点在条件允许的情况下尽量采用观测墩,以避免对中误差的影响。考虑到成本、现场的条件和测量机器人自动观测的特性,在直接用于变形点观测的基准点和工作基点采用观测墩,其他基准点布设成固定的墙上标志,边长控制在100~300m之间。

图 5-49 测站点的设立

③监测点的埋设。

监测点采用徕卡 L 型棱镜,如图 5-50 所示,用膨胀螺钉固定在测点处,并使棱镜面正对测站。对于裸露土层,则用人工开孔(长 10cm × 宽 10cm × 深 15cm),混凝土浇筑抹平,然后再安装棱镜。安装完成后,逐个检查棱镜的稳定性,避免在后期监测过程中由于棱镜松动而导致的数据变化。

图 5-50 徕卡 L 型监测小棱镜

注:90°L 型直角棱镜可以固定在隧道、道路、桥梁、大坝、房屋、建筑等固定场所物体上做观测、变形、位移等测量使用,适合各种全站仪使用。

④观测方法。

本项目采用全圆观测法(方向观测法),如图 5-51 所示:从初始方向开始,依次进行水平方向观测,正镜半测回和倒镜半测回,照准各方向目标并读数记录。通过测点相对于基准点的方位角和距离等参数,进而根据三角函数关系,可以推算出测点的三维坐标——X、Y、Z 方向(其中,X、Y 为水平方向,Z 为垂直沉降方向)。通过软件后处理得到每次的观测值,再与初始值对比,即可得到该测点的变形位移值。

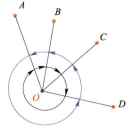

图 5-51 方向观测法示意图

3)应用效果评价

(1)试验结果

为验证测量机器人自动化监测效果,在该试验段采用传统人工监测手段,进行监测结果对比。本试验段位移及沉降监测结果如下。

①测量机器人自动化监测结果,如图5-52、图5-53所示。

②传统人工监测结果,如图5-54、图5-55所示。

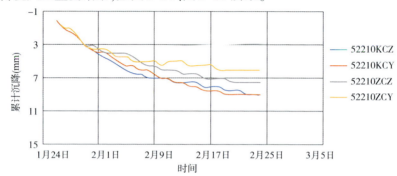

图5-52 自动化监测累计沉降－时间曲线图

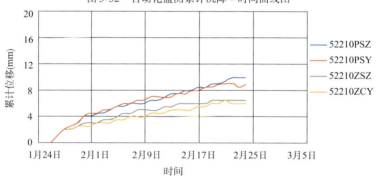

图5-53 自动化监控累计位移－时间曲线图

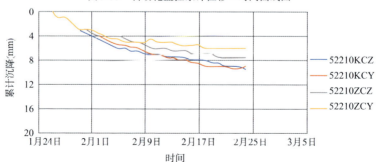

图5-54 人工测量累计沉降－时间曲线图

第5章 智能建造技术

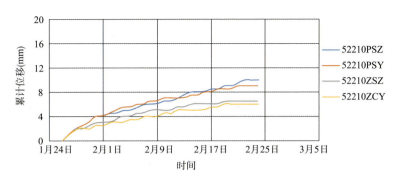

图 5-55　人工测量累计位移－时间曲线图

（2）分析评价

①数据精度满足要求（误差分析）。通过自动化监测数据和人工监测数据的对比分析可以发现，自动化监测结果与人工监测结果的变化趋势是一致的，同一位置处自动化监测结果和人工监测结果的变化规律是一致的；一般情况下自动化监测结果与人工监测结果之间的差异为 2~4mm。

②可靠性满足要求（离散分析）。常规人工监测夜间无法实施，在施工关键阶段，1 天 1 次的监测频率无法及时反映变形情况，无法保障施工安全。自动化监测可以发挥全天自动工作的特点，不受时间限制，对监测对象进行实时监测，可有效保障施工安全。

③及时预警。通过信息化监测获取动态变化信息，了解和掌握其变形状况，并及时发现问题，采取相应措施，优化施工方案，将变形量控制在允许范围内，避免事故发生，确保邻近建筑物、地下管线及围护体结构的安全，实现信息化施工管理。由于传统的人工监测耗时久、误差大，需投入的资源多，不能保证监测数据的及时性、准确性和可信度，使深基坑监测的服务水平无法满足施工需要。因此应采用合理先进的技术手段，进一步提升系统性能，为用户提供最优质的服务体验。

自动化测量机器人在全站仪的基础上集激光、精密机械、微型计算机、CCD 传感器及人工智能技术于一身，能够学习并自动识别目标棱镜，实时处理、分析、输出数据，以代替人的手工操作。通过本项目的初步应用表明，自动化监测技术的发展，为大型复杂的基坑项目实施提供了更加科学、安全的保障。与传统监测技术相比，自动化监测技术的优势主要体现在：

①监测工作连续。在恶劣天气或夜间照明不足的情况下，为保障监测人员安全，往往需要暂停监测。而此时恰是基坑较为危险的时刻，远程自动监测系统可以在极端恶劣天气中实现不间断观测，有效保证基坑安全。

②监测频率高。因传统监测工作数据采集由监测人员完成，受现场仪器架设、

站点转移以及错开出上高峰期等影响,导致现场作业时间持续较长,监测频率受到影响,而自动化监测通过计算机端远程采集指令发送,可以实时的采集现场监测数据,监测频率大大提升。

③数据稳定性好。受人员操作水平、熟练程度影响,不同的监测人员所测得的数据可能存在一定的偏差,甚至同一监测人员在不同的工作状态下,所采集的数据亦可能有所偏差。而自动监测无人工操作环节,可有效避免人工误差,数据稳定性好。

④监测工作现场风险低。由于深大基坑开挖工程属于危险性较大的分部工程,监测人员长期在坑边作业存在一定的安全风险。结合现场作业经验,其安全风险主要体现在:出土期间的机械伤人、坑边立尺的高处坠落、坑内积水时的淹溺事故等。自动化监测技术的实施,大大减少现场监测人员,除日常巡视和设备巡查外,也大大削减了现场作业的持续时间,显著降低了监测工作的现场风险。

5.3 无人机技术应用

5.3.1 概述

无人驾驶飞机简称"无人机",英文缩写为"UAV",是利用无线电遥控设备和自备的程序控制装置操纵的不载人飞机。从技术角度定义可以分为:无人固定翼机、无人垂直起降机、无人飞艇、无人直升机、无人多旋翼飞行器、无人伞翼机等;从应用领域可以分为军用无人机和民用无人机。2013年11月,中国民用航空局(CA)下发了《民用无人驾驶航空器系统驾驶员管理暂行规定》(简称《规定》),由中国航空器拥有者及驾驶员协会(AOPA-China)负责民用无人机的相关管理。根据《规定》,中国内地无人机操作按照机型大小、飞行空域可分为11种情况。其中,仅有116kg以上的无人机和4600m^3以上的飞艇在融合空域飞行由中国民用航空局管理;其余情况,包括日渐流行的微型航拍飞行器在内的其他飞行,均由行业协会管理,或由操作人员自行负责。

无人机通常由飞行平台、发射与回收系统、地面控制站组成,见图5-56。其中,飞行平台包括机身、飞行控制系统、动力装置等。无人机机身需满足强度高、质量轻的要求,可以是玻璃钢、碳纤维、EPP、EPO等材料。飞行控制系统是无人机的核心技术之一,主要用于无人机导航、定位、自主飞行控制,由飞控板、惯导系统、全球导航卫星系统(GNSS)、气压传感器、空速传感器等组成。动力装置可以采用电力驱动,也可以采用化石燃料驱动,一般而言电力驱动续航时间较短。地面控制站包括监控系统、控制系统、数据传输系统等。此外,部分无人机的发射和回收还需要借助特定的方法和条件,在使用时还需配置专用的无人机发射/回收系统。

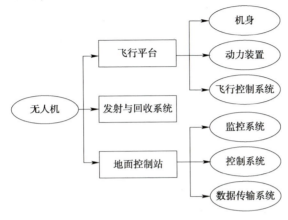

图 5-56　无人机系统组成

无人机技术经过近百年的发展,逐渐由军事应用渗透到森林防火、电力巡检、警用防暴、地理测绘、农业植保等行业。尤其是近年来消费级无人机的普及,使得无人机在摄影摄像、视频监控等非专业领域大放异彩,同时也大大降低了无人机行业应用的准入门槛。鉴于此,在智慧建造的大背景下,工程建设领域也掀起了无人机应用热潮。无人机在工程建设领域的应用,既包括专业性较强的行业应用,又包括难度较低的非行业应用,主要以航空摄影测量、视频航拍、无人机巡检为主,其中航空摄影测量属于行业应用。

5.3.2　无人机摄影测量技术及应用

1）技术简介

自 19 世纪中叶摄影测量技术问世以来,先后经历了模拟摄影测量、解析摄影测量、数字摄影测量三个时代。当代数字摄影测量技术是传统摄影测量与计算机视觉结合的产物,它研究的重点是从数字影像自动提取所摄对象的空间信息。传统摄影测量三维重建也考虑物体表面的纹理表达,例如地面的正射影像就是地表的真实纹理,但在大多数应用中,较少考虑物体表面纹理的表达。随着社会、经济、科技的发展,三维模型真实纹理的重建在摄影测量任务中变得越来越重要,为了解决传统摄影测量纹理不足的问题,先后引入了近景摄影测量技术和倾斜摄影测量技术。至此,摄影测量技术具有精度高、分辨率高、地面纹理特征丰富等特点,这些特点使得摄影测量技术在环境模型生成、地形模型建立、智慧城市建设中得到广泛应用。

很长的一段历史时期内,摄影测量均采用载人飞机搭载光学传感器、GNSS、惯性测量单元(IMU)等进行航空摄影。但随着技术的发展,固定翼无人机被大范围应用于摄影测量数据采集,近年来消费级无人机的普及,更使得多旋翼无人机成为摄影测量数据采集的热门平台,平台成本进一步下降。与传统飞机相比,无人机在尺寸、功能等方面优势显著,在中小区域大比例尺数字化地形的测量中独具优势。由于无人机的体积较小、造价相对较低等特点,深受业界人士的喜爱。除此之外,无人机的操作较为简单,空域管制也相对宽松,大大提高了测量工作的工作效率。在消费级无人机时代,无人机摄影测量便捷、经济的特点更加突出,但其只适合于小区域范围内的测绘作业。

按作业面划分,无人机摄影测量系统由摄影测量数据采集平台和摄影测量数据处理系统组成。摄影测量数据采集平台主要包括:无人机、摄影测量模块、地面基站。其中,无人机又分为固定翼无人机和多旋翼无人机,其作为摄影测量系统的载具,应具有稳定可靠的飞行控制系统。摄影测量模块负责数据的采集,可以由光学传感器、GNSS、IMU 等组成,无人机平台的载荷在一定程度上限制了摄影测量模块的性能。地面基站可以是 CORS 基站,也可以是用户架设的 RTK 基准站。摄影测量数据处理系统由图形工作站和数据处理软件组成。其中,数据处理软件以现代摄影测量方法和计算机视觉理论为基础,能实现数据处理的高度自动化。

无人机摄影测量技术是现代测绘技术的延伸,具有测量效率高、精度高等特点,在相关行业的发展中发挥重要作用。

2)技术路径

从技术角度而言,无人机摄影测量是多学科交叉的产物,它涉及电子通信、计算机视觉、多传感器融合、数字图像处理、点云处理、卫星导航等技术,属于技术密集型领域。其分为外业数据采集和内业数据处理两个作业面,外业数据采集主要由电子通信、飞行控制、卫星导航等技术支撑,而内业数据处理与计算机技术密切相关,包括计算机视觉、计算机图形学、数字图像处理、多传感器数据融合等技术。

从用户角度而言,无人机摄影测量技术可以被定义为工作流,其可以被描述为任务输入→软硬件配置→外业航飞→内业数据处理→成果提交。任务输入需根据实际情况进行需求提交、明确测量范围、规定成图精度;软硬件配置是指选用合适的软硬件,以保障任务顺利进行;外业航飞包括现场踏勘、制定作业计划、数据采集等,在必要时外业航飞还需要进行控制点设置;内业数据处理主要包括空三加密、三维重建、质量检查。基于三维重建结果,可以生成数字地表模型 DSM、数字正摄模型 DOM,通过对点云进行分类还能得到数字高程模型 DEM。在有需要时还可以进行数字测图,生成数字地形图;数据提交需要按照导入任务时的成图精度进行成果提交。无人机摄影测量的工作流程如图5-57所示。

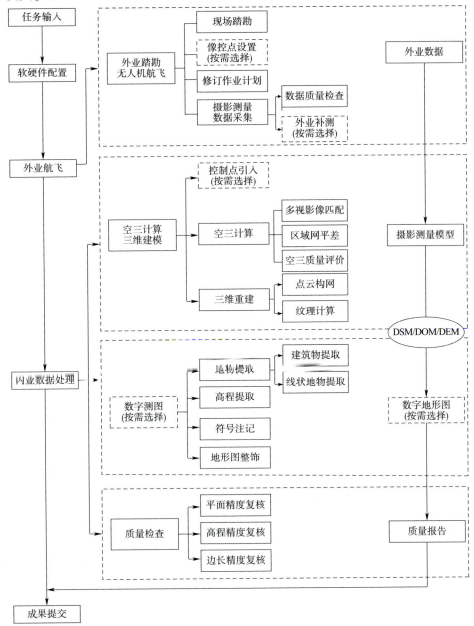

图5-57 无人机摄影测量工作流程

3）技术应用

（1）基于无人机倾斜摄影测量的场景展示

倾斜摄影测量作为现代摄影测量的一种新方式，在提供三维位置信息的同时也提供了丰富的纹理信息，能生成逼真的实景三维模型，用于对客观环境进行描述，是当前较为流行的环境模型表达方式。

倾斜摄影测量与一般摄影测量不同，倾斜摄影测量在进行数据采集时，分别从一个垂直、四个倾斜这五个不同的角度采集影像，同时记录航高、航速、航向和旁向重叠、坐标等参数；然后对影像进行分析和整理。在同一地物上方，航摄相机拍摄几组影像重叠的照片，同一地物能够在多张相片上被找到，这样可以比较轻松地进行建筑物结构分析，并且能更好进行纹理制作，向使用者提供真实、直观的实景信息。

京雄城际铁路明挖隧道利用无人机倾斜摄影测量数据，建立全线的三维可视化场景。重点展示线位两侧200m范围的地形地貌，包含河流、房屋、高速公路、国道信息，同时加入通用铁路设施模型、设计方案线位及里程、大临设施、主要跨越物及工点等信息，为可行性研究阶段的方案可视化比选、设计阶段的施工图参数化模型展示、施工阶段的电子沙盘提供基础三维场景（图5-58）。

1号拌和站

2号拌和站

六标正线

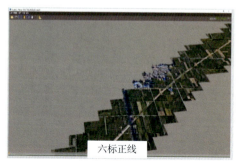
六标正线

图5-58 三维场景模拟

此外，倾斜摄影模型除了为电子沙盘提供环境模型，还被用于临建场地模拟，辅助大、小临建的设计和展示。

（2）基于无人机摄影测量的边坡质量检查

新建北京至雄安新区城际铁路工程机场 2 号隧道项目正线里程全长 7948m，全线采用明挖法施工，对边坡开挖质量检查提出了要求。无人机摄影测量技术与 BIM 技术结合，能快速对大范围边坡超欠挖进行检查和评估。

如图 5-59 所示，BIM 模型能表达原定设计目标和技术参数，实际模型是对现实构筑物的描述，实际模型与设计模型之间的差异计算能在一定程度上反映施工质量好坏。通过使用无人机摄影测量生成 DEM，然后与 BIM 模型进行套合，再使用特定的求差算法检测出超欠挖部分，并计算超欠挖量，从而对边坡开挖质量进行评估和提出改进意见。

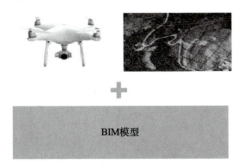

图 5-59　边坡超欠挖检查

（3）基于无人机摄影测量的基坑开挖进度监控

基坑开挖的核心是土方开挖，因此，通过土方量计算能反映指定周期的基坑开挖进度。传统土方量算通过 RTK、全站仪等测绘手段进行数据采集，然后使用断面法或方格网法进行土方计算，其不仅受测量人员的经验和专业水平影响，而且效率低，准确性差，且受地形的影响大。随着无人机技术和计算机技术的发展，消费级无人机以其机动灵活、操作简单、成本低廉等优势发展迅猛，在工程建设领域广受关注。无人机摄影测量提供了一种大范围土方量计算的新方法。其本质是利用航摄影像构建三维点云，然后对点云进行分类，最后利用地表点构建 DEM，通过 DEM 计算土方量。

以永定河河槽段为例，清表工作完成后，使用无人机航飞进行初始摄影测量，生成 DEM，构建开挖进度的基准，然后按月度进行外业航飞，获取 DEM，构建实时开挖模型。通过计算实时开挖模型与基准模型之间的土方量差异，得到实时开挖土方量,以反映基坑开挖进度。项目部得到开挖延误信息后对施工工艺进行改进或者增配开挖资源,以保障施工进度。

在较大测区范围内使用消费级无人机监控基坑开挖进度,其稳定可靠、受人为经验因素影响较小,效率相对较高。

5.3.3 无人机非行业化应用

无人机技术在智慧建造中不局限于专业化程度较高的行业应用,同时,面向普通用户的非行业化应用亦有涉及。通常而言,非行业化应用不局限于某个特定领域,对使用者的专业知识要求相对较低,无需某个专业领域的使用者去主导整个应用过程,是名副其实的面向普通消费者的应用。京雄城际铁路中的无人机非行业化应用主要包括虚拟与现实比对、无人机巡检。

(1) BIM+航拍(虚拟与现实对比)

将二维施工进度计划与 BIM 模型进行整合,以 4D 的形式进行虚拟建造,进度完成情况直观地反映在人视线中,让项目管理人员可以清晰了解整个工程进度情况。同时无人机航拍技术,可以将隧道的施工情况航拍下来,与 BIM 4D 模型反映的进度情况进行比对,既可以了解真实的进度情况,又可以检查各分区上报的情况有无差错。如图 5-60 所示。

a)航拍

b)BIM模型

图 5-60　BIM+航拍技术

(2) 无人机巡检

无人机巡检作业环境适应性强、准确性高。尤其在遇到机械紧急故障和异常气候条件下,无人机巡检弥补了检查人员不具备有利的交通优势,利用普通仪器或肉眼来巡检设施准确性低、效率低等不足。另外,无人机巡检比人工巡检效率高。采用无人机进行常规检查,可降低劳动强度,大大降低成本,提高机械维护和检修的速度和效率。无人机具有巡线速度快、应急反应迅速、及时发现缺陷等优势,它弥补了人工作业时视觉的盲区,以全视角 360°巡线,能够及时提供准确信息,避免事故发生或者重大财产损失。

在京雄城际铁路明挖隧道项目施工过程中,对于一些施工战线较长、危险性较大的隧道采用无人机辅助技术,对现场施工进度、资源配置、安全质量情况进行全面掌控。尤其通过对一些地质条件较为复杂地点的信息采集,可以及时准确掌握现场情况,有效避免了安全事故的发生,并为方案的设计提供及时准确的信息。

第6章 绿色施工技术创新

当前,全社会都在强调"绿水青山就是金山银山"的生态理念,在雄安新区规划中也提出了"生态优先、绿色发展"的指导思想,长大明挖隧道施工具有土方施工工程量大、设备投入多、工序交叉频繁、环保工压力重大等特点,如何建成"绿色高铁"的铁路建设环境标准是当前面临的主要挑战。

按照绿色、智能、创新要求,在长大明挖隧道施工过程中,积极推广使用绿色施工技术。本章介绍包括装配式可回收土钉墙边坡防护施工技术、混凝土拌和站污水处理可回收利用系统、装配式泥浆池施工技术、环保型混凝土拌和站建设及装配式预制混凝土块临时道路施工技术等。

6.1 装配式可回收土钉墙边坡防护

传统的网喷混凝土+土钉的组合结构施工,存在作业人员需求多、设备配置要求高、工程成本高、施工工期长等不足,且因其采用喷射混凝土的方式,必然会对坡面土体造成不可逆转的污染。另外,在长大明挖隧道基坑完工后恢复原地貌或复垦的过程中,还需要清运钢筋网片混凝土块,对堆存处的土体造成二次污染。

装配式可回收绿色土钉墙是一种较为新颖的装配式边坡防护结构,利用传统的土钉和连接构件,将轻质、不易固定的装配式可回收绿色柔性防护板,固定在需要防护的边坡上,并通过防护板的多层功能结构,实现排水、防冲刷等边坡防护功能。绿色柔性防护板可工厂化生产,现场施工仅需裁剪、摊铺、缝合便可快速连成一片,然后通过连接构件连接土钉固定,达到缩短工期、减少设备投入等目的,且待施工完成后主材可回收重复利用,资源利用率高。

6.1.1 装配式边坡防护结构组成

装配式边坡防护结构的主要组成形式见图6-1,主要由可回收的绿色柔性防护面层和锚固体系组成。绿色柔性防护板面层为高强轻质的预制复合材料加工制成的网状结构,承担边坡土体的压力,由内向外依次是聚丙烯编织布、丙纶布、格栅、丙纶布,柔性防护板材料的平均厚度5mm、幅宽2~6m,单卷长度50m。施工过程中,材料连接采用搭接方式进行施工。锚固体系主要由锚筋和锚固配件组成,锚筋可采用直径为22mm的螺纹钢筋,锚固钢筋通过锚孔灌浆锚固。锚固钢筋穿过面层,在面层上方缠绕6mm直径钢丝绳,钢丝绳外侧安放4mm钢垫片,钢垫片外利用钢筋套筒旋紧锚固,将面层紧密锚固于边坡外表面。锚固钢筋在面层上均匀布置,锚固钢筋的间距为2m×2m,锚固钢筋长度不小于4m。缠绕在锚固钢筋上的钢丝绳,在不同土钉之间连续缠绕,形成间距2m的网格,在锚钉之间压紧面层。

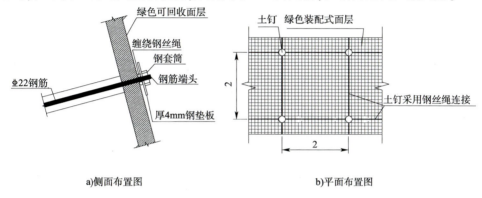

a)侧面布置图　　　　　　b)平面布置图

图6-1　装配式边坡防护结构图(尺寸单位:m)

6.1.2　主要施工技术

施工工艺流程:施工准备→土方开挖→坡面修整→钻孔、注浆及安装泄水孔→铺设装配式绿色可回收防护板→土钉固定→连接钢丝绳→拆除回收→施工结束。

1) 土方开挖和坡面修整

基坑开挖前清除开挖区域内的障碍物,依据设计坡度放坡开挖基坑,并依据排水需要设置边沟。在基坑开挖过程中先用挖掘机粗略放坡,再由人工修整边坡坡面(图6-2),直至满足设计要求。

图6-2　坡面修整施工图

2)土钉施工

边坡修整完成后,搭设钻孔平台,孔位测量放样,布置形式符合设计要求,孔位允许误差±100mm,钻孔至设计孔深,安装土钉及注浆管,注浆管规格型号须与注浆机相匹配。采用孔底注浆法,将金属管插入孔内,管口离孔底200~500mm,用密封袋将孔口封严,启动注浆泵开始送浆,调整注浆压力到0.2MPa,边注浆边向孔口方向拔管,直至注满,连续逐孔注浆完成并补浆,确保孔洞注浆饱满。

本项目所用标准土钉长为4m,采用直径22mm的HRB400钢筋制成,沿锚杆轴线方向隔1.8m设置一组对中支架,每组两个对中支架,相互之间呈90°布置,以对两个方向进行对中。对中支架采用直径为8mm的HPB300钢筋制作与锚杆焊接。对中支架梁端距离锚杆端部0.2m,见图6-3。

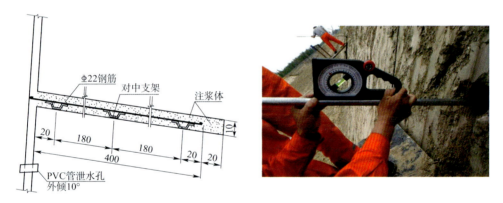

图6-3 土钉施工图(尺寸单位:cm)

3)装配式可回收绿色柔性防护板施工

根据现场情况,确定卷材尺寸,准确量取尺寸并进行裁剪后试铺,裁剪尺寸精度应控制在±10mm。并检查撒拉宽度是否合适,搭接处应平整,松紧适度。面层用人工滚铺,布面要平整,并适当留有变形余量;在坡面上,对土工布的一端进行锚固,然后将卷材从坡面放下,以保证面层保持拉紧的状态。绿色装配式面层铺设效果如图6-4所示。

绿色装配式面层接缝处的搭建处理方法见图6-5,搭接处缝合的宽度宜控制在0.5m以上。拼接接缝应该相互垂直,在接缝搭接位置应设置土钉锚固,土钉间距不宜大于1.5m。两道相互平行的拼缝间距应大于1.5m。

防护板铺装后通过连接构件(采用φ6mm普通钢丝绳、丝扣)将土钉在纵向与横向连接,土钉外端头设置钢垫板与钢套筒。

第6章 绿色施工技术创新

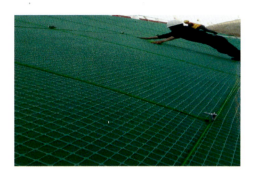

图6-4 绿色装配式面层铺设效果图

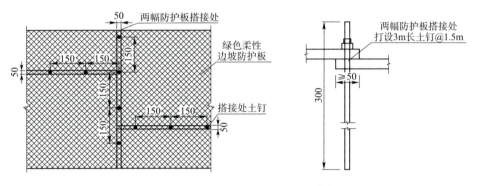

图6-5 绿色装配式面层搭接示意图(尺寸单位:cm)

4)装配式可回收绿色柔性防护板翻边施工

绿色装配式面层在距离边坡坡顶外0.5~1.0m范围进行翻边处理,处理方案可按照图6-6所示进行。在面层端部利用长度1m的土钉锚杆进行锚固,土钉纵向布置间距为1.5m,并用直径6mm钢丝绳连接沿纵向连接。并在面层顶部浇筑0.1cm厚C20混凝土硬化层,在面层边缘0.2~0.3m位置砖砌挡水台和截水沟,避免冲刷对边坡造成破坏。

绿色装配式面层在距离边坡坡脚0.6~0.8m范围进行翻边处理,处理方式可按照图6-7所示进行。在面层距边缘0.2m位置采用长度为1m的土钉锚固,土钉型号与坡顶相同。土钉纵向间距按照不大于1.5m控制,并用钢丝绳沿纵向连接。最后在面层上方浇筑0.1m厚C20混凝土。在面层端部位置沿纵向设置一道截水沟进行边坡底部排水。施工完成效果如图6-8所示。

5)装配式可回收绿色柔性防护板回收

待基坑主体结构施工完毕、土体回填之前,解开土钉之间的连接构件、清理翻边处混凝土硬化层,将装配式可回收绿色柔性防护板分块回收,分卷打包,循环至下一工作面或工地周转利用。

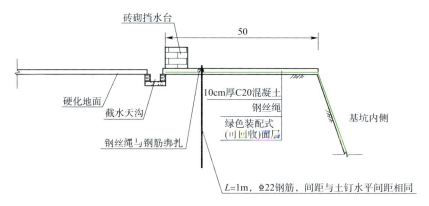

图 6-6 坡顶绿色装配式面层剖面图(尺寸单位:cm)

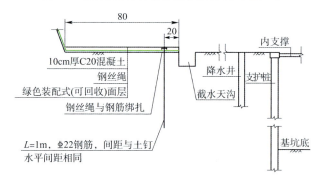

图 6-7 坡脚绿色装配式面层断面图(尺寸单位:cm)

图 6-8 现场施工效果图

另外,具体施工时需要注意以下事项:

①边坡开挖后应及时施作坡面防护结构,避免长时间暴露被雨水冲刷或风化脱落。

②坡面防护材料与边坡土层应保证密贴、平整度,坡面材料上避免出现砂浆污染,控制好防护层外观质量。

③控制好泄水孔设置,避免泄水孔对面层造成过多破坏;压边施工应与既有坡顶和坡脚硬化层综合考虑并妥善处理。

④现场土钉锚固螺栓及垫片做好防腐处理,宜采用绿色油漆涂装防腐,确保坡面色泽基本一致。提高坡面防护的美观效果。

⑤面层铺设自上而下,首先在坡顶固定铺设面层,沿坡面下放,过程中使用绳索控制下放速度,两幅面层搭接处采用缝合或者其他方式连接,搭接处要松紧适度,自然平顺,确保两幅面层联合受力,铺设完成后在土钉端部使用钢垫片和钢套筒进行固定锁紧。

6.1.3 施工质量验收及评价

(1) 质量验收标准

为确保施工质量,需对开挖、钻孔、注浆、土钉和铺设面层等施工质量进行验收,具体的验收方法和标准见表6-1。

装配式边坡防护施工质量检验控制表 表6-1

分部	序号	检验项目	质量要求	检验方法
开挖	1	坡面平整度	≤30mm	尺量
	2	边坡压实度	设计要求	触探试验
钻孔	1	深度	-50~+200mm	查看
	2	孔径	-50~+20mm	尺量
	3	孔距	≤150mm	尺量
	4	角度	≤3°	坡度尺量
注浆	4	注浆记录	注浆开始、结束时间,初始、最终注浆压力,注浆量,注浆材料及配合比	查看
土钉	5	土钉钢筋	品种规格数量应符合施工图纸要求	冷弯试验
	6	土钉长度	±50mm	尺量
	7	土钉布置	应符合图纸要求	观察

续上表

分部	序号	检验项目	质量要求	检验方法
铺设面层	9	面层材料	品种、规格、质量应符合施工图要求	查看
	10	面层搭接宽度	≥300mm	尺量
	11	钢丝绳连接	钢丝绳卡扣是否不小于3个	查看
	12	垫片厚度	应符合图纸要求	尺量
	13	混凝土翻边厚度	应符合图纸要求	尺量

同时在施工前需对边坡的护面材料进行进场验收,验收内容包括拉伸强度、伸长率、单位面积质量和平均厚度等,具体进场验收标准见表6-2。

装配式边坡防护面层材料进场验收标准 表6-2

序号	检验项目	规格
1	拉伸强度	15~40kN/m
2	伸长率	12%≤δ≤20%
3	单位面积质量	400~700g/m²
4	平均厚度	4~10mm

(2)效益评价

采用装配式可回收绿色柔性防护板施工,不需要安装钢筋网、喷射混凝土等;仅需依据现场情况,将板材裁剪成需要尺寸(板材分块大),在接缝处进行缝合连接成整体。绿色柔性防护板因其质量小,仅需人工铺设,不需要借助大型机械,且所需人工少,工期短,材料可回收再利用。装配式可回收绿色土钉墙利用装配化理念推进绿色建造技术的应用。与传统喷锚防护相比,装配式可回收绿色土钉墙不仅具有节能环保,可减少水泥和钢筋用量,能耗低、污染小,良好美学效果等优点,而且具有显著的工期及工效优势。采用装配式可回收绿色土钉墙不需要在现场编网、支模和养护,从工厂出货后可直接在现场安装,施工简便、高效,施工受天气影响较小,施工效率极高,比传统土钉墙支护施工可缩短工期50%以上,每200m施工段较传统的网喷混凝土节约工期15d。

另外,装配式可回收绿色土钉墙主材可回收再利用,质量可控;采用工厂化生产,有利于按照标准进行质量管控,施工方法流程化、标准化强,施工质量易于保证和控制,体现了良好的社会和经济效益。以200m施工段为例,与传统的网喷混凝土施工工艺相比,其节约费用如下。

①边坡网喷混凝土施产生的直接材料费用:

所需防护边坡单侧斜面面积为8m×200m,设计喷射厚度0.1m,则所需混凝土

方量为 $0.1 \times 8 \times 200 \times 2 = 320(m^3)$；C25 混凝土单价约为 520 元/$m^3$，则所需费用为 166400 元。

挂网采用直径 6mm 光圆钢筋 25cm×25cm 网格布置，则所需钢筋质量为：$0.222 \times 2 \times [(8 \times 4 + 1) \times 200 + (200 \times 4 + 1) \times 8]/1000 = 5.8(t)$；直径 6mm 钢筋市场价 4200 元/t，则所需费用为 4200 元/t $\times$ 5.8t = 24360 元。

②边坡网喷混凝土施产生的人员费、设备费等节约 5 万元。

③绿色柔性防护板产生的材料损耗及存储费用约为 12 万元。

综上所述，节约的费用总计为 16.64 + 2.436 + 5 − 12 ≈ 12（万元）。

6.2 环保型拌和站建设

拌和站是工程施工过程中的一个重要组成部分，对工程的顺利开展具有重要作用，加强对建设过程中污染的控制，对于绿色环保具有重要意义。随着行业内对混凝土搅拌站生产现场环保要求的日益提高，京雄城际铁路第三合同段 1 号拌和站采用了"环保型搅拌站"的概念，其主要特征：从外观上看搅拌站的料场、斜皮带、主楼及筒仓全封装，内部结构则加强除尘、防震、减噪效果，配备砂石分离机与浆水回收系统，搅拌站生产物料"零排放"，实现混凝土的高效、环保生产。

环保型拌和站总体布置如图 6-9 所示。

图 6-9 环保型拌和站总体布置图

①环保型拌和站建设要点主要包括：通过污水废渣处理，实现生产中污水、浆水的零排放。

②粉尘有效回收利用，实现粉尘零排放。

③全封闭结构，减少对外部环境的影响。采用全封闭结构，包括水泥筒仓、砂

石堆料场等均在封闭的环境下运行,极大改善了传统搅拌站布局凌乱、污水横流等不良形象。特别是封闭式结构,隔绝了搅拌站在运行中的噪声传播,杜绝了噪声扰民的问题。

④通过厂区硬化及绿化措施,实现降噪除尘。生产厂区地面应进行混凝土硬化,主要交通道路采用沥青混凝土路面,围墙四周、生活区及办公区应充分利用未硬化的空地进行绿化,在离居民区较近的厂区一侧安装隔音、防尘设备。搅拌站在建站之初就对厂区进行绿化;厂区内搅拌车行驶易引起扬尘,因此在厂区内应控制生产车辆的行驶速度,一般保持 5~10km/h 为宜。

6.2.1 污水废渣处理可回收利用系统

混凝土搅拌站的环保问题越来越引起人们的重视。几乎所有的搅拌站都会受到清洗搅拌车、泵车以及其他施工车辆产生的废水和废渣的困扰。剩余的混凝土和清洗后的废水废渣 pH 值可达到 10~12,对土壤和水资源危害极大,一旦处理不善就会造成土地和水资源污染,同时也造成对矿产资源和水资源的极大浪费。

混凝土拌和站废弃物主要分为以下几类:①浆状废弃物,主要是清洗混凝土运输车筒内和搅拌机内产生的混合液,其含有被稀释的混凝土组分,需要进入砂石分离机,将砂石分离出来用于混凝土生产,浆液经沉淀后,浆膏可用于生产混凝土砌块或路缘石,浆水可循环使用。②块状废弃物,主要来自试验室的混凝土试块以及清除混凝土运输车、搅拌机的混凝土块。这些硬化混凝土具有一定强度,经小型破碎机破碎成一定粒径后,方可成为可再生的混凝土集料,替代部分石屑,可用于维护施工便道。③混凝土拌和物,主要来自施工现场浇筑剩余退回的混凝土拌和物,以及坍落度不合格退回的混凝土拌和物,这些拌和物可进砂石分离机进行处理用于制造混凝土普通砖。④循环水,这是在处理废弃物过程中带入的水分,部分可替代混凝土拌和用水,部分可在沉淀池和砂石分离机之间循环使用。⑤生产污水,主要有清洗运输车外表,清洗拌和站以及雨天时从砂石堆场、料仓中流出的污水,随小沟排入沉淀池进行沉淀处理。

京雄铁路混凝土拌和站采用污水废渣处理可回收利用系统,通过采用五级沉淀池配套的三套设备(砂石分离机、离心机、气浮澄清一体机),做到废水分离、砂石分离、泥浆分离三分离。混凝土运输车罐体清洗废水经过砂石分离后,与生产、生活、场地清洗污水均汇集到五级沉淀池;污水经过五级沉淀池沉淀后,再通过水净化设备净化,达到Ⅲ级排放标准。经净化的水采用洒水车运输至现场洒水降尘及绿化使用,分离后的砂石用于现场临时道路的修建及维护,达到污水零排放、废

第6章 绿色施工技术创新

料重复利用的目的。

1) 系统组成

污水废渣处理可回收利用系统由五级沉淀池、砂石分离机、离心机及气浮澄清一体机组成,这些设备安装位置固定,形成流水线作业。系统平面布置如图6-10所示。

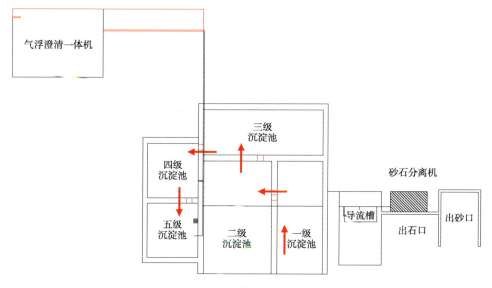

图6-10 系统平面布置图

废弃的混凝土混合料浆流入砂石分离机,利用物体各自密度的不同,在离心力作用下,实现砂石和水泥浆的分离。水泥浆流入收集池,经沉淀后,大颗粒物体由于自重作用会和浆体分离。沉淀后的废水进入离心机处理,当含有细小颗粒的悬浮液经离心机处理后静置不动时,由于重力场的作用使得悬浮的颗粒逐渐分离。粒子越重,下沉越快,同时密度比液体小的粒子会上浮。微粒在重力场下移动的速度不仅与微粒的大小、形态和密度有关,而且与重力场的强度及液体的黏度有关。在常规重力作用下可分离出粉饼和清水。

(1) 砂石分离机

砂石分离机主要有进料槽、搅拌分离机、供水系统、筛分系统、浆水均化、循环使用及废浆再利用系统共六个部分组成。当残留混凝土与水进入料槽后,同时连续注入循环水,在水流的冲击下,混合料浆随水进入分离机,对残留混凝土进行充分清洗。分离系统:筛筒管螺旋前进方向与水平呈倾角设计,使得物料可在有限筛分过程中充好翻转并接受喷射水流的清洗并分离。分砂机沉淀池上部溢流槽高度的合理布置,使得砂粒与泥浆可充分分离;输送绞龙与壳体内壁非对称安装,积聚的一层物料可以有效防止磨损,螺旋加长,物料可在输送过程中充分脱水。砂石一次性彻底分离,分离能力为 0~30t/h。供排水系统:全系统的清洗过程采用循环清洗,因此污水基本零排放,水资源再利用率高。电控系统:采用 PLC 控制,功能强大,维修方便,控制过程全自动,故障全显示、报警,提高了整机的稳定性和可靠性;所有控制模块都装入不受天气影响的开关箱内,全自动操作,易于控制和维护。

砂石分离机使用情况如图 6-11 所示。

图 6-11 砂石分离机使用情况

(2)五级沉淀池

五级沉淀池由一级~五级沉淀池依次连接组成,沉淀池由沉淀池隔墙分隔,一级沉淀池底板为斜坡道(图 6-12),沉淀池隔墙上设有溢水口。在五级沉池内设置回收潜水泵;一级沉淀池底板设计成斜坡道结构,方便了机械清渣,提高了工效,降低了成本,改善了文明施工环境。五级沉淀池设置如图 6-13 所示。

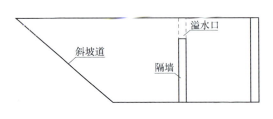 

图 6-12 斜坡道布置示意图　　　　图 6-13 五级沉淀池设置

(3)离心机

卧式沉降离心机是一种螺旋卸料、连续操作沉降离心机,能在全速运转下,连续进料、分离合卸料;具有结构紧凑、连续操作、运转平稳、适应性强、生产能力大、维修方便等特点;适合分离固相物密度大于液相物,固相物粒度大于 0.005mm,浓度范围为 2%~40% 的悬浮液。电机带动无孔转鼓及同心安装的输料螺旋,以一定的差速同向高速旋转。物料由进料管连续引入输料螺旋内筒,加速后进入转鼓,在离心力作用下,较重的固相物沉积在转鼓壁上形成沉渣层。输料螺旋将沉积的固相物连续不断地输送到转鼓锥端,经排渣口排出转鼓及机外。较轻的液相物则形成内层液环,由转鼓大端溢流口连续溢出转鼓,经排液口排出机外。

离心机使用情况如图 6-14 所示。

图 6-14 离心机使用情况

(4)气浮澄清一体机

气浮澄清一体机是溶气系统在水中产生大量的微细气泡,使空气以高度分散的微小气泡形式附着在悬浮物颗粒上,达到密度小于水的状态,利用浮力原理使其浮在水面,从而实现固-液分离的水处理设备。气浮机优点在于其固-液分离设备具有投资少、占地面极小、自动化程度高、操作管理方便等特点。

启动时将清水注入气浮池,以检查池各部分有无渗漏情况;对溶气水泵灌水排气,待启动后,逐渐打开出口水管阀门,直至全部开足,待溶气罐内水位上升,打开接触室及反应室的放空阀门,使水位下降至一定高度或放空;当观察到溶气罐水位指示管有 1m 左右水深时,应全部打开溶气罐出水阀门,并在接触室观察溶气水的释气情况及效果;用闸阀调控空压机的供气量,直至溶气罐的水位基本稳定在 0.6~1.0m 范围内(既不淹没填料,也不能过低),少量的水位升降可用微启溶气罐放气阀予以调整。控制气浮池出水阀门,将气浮池水位稳定在集渣槽口,待水位稳定后,用流量计、水表等设备测量所处理的水量,并用进出水阀门进行调节,直至达到设计流量为止。

气浮澄清一体机使用情况如图 6-15 所示。

图 6-15　气浮澄清一体机使用情况

2)系统工艺流程(图 6-16)

混凝土运输车辆清洗废渣废浆经砂石分离机分离出砂、粗集料,滤出粉料废浆与场地清洗及冲洗降尘的污水一起经过一级污水收集池初级沉淀;沉淀完后的废水经过二级沉淀池进行化学水质改良;三级沉淀池设置搅拌器防止水泥浆沉淀,污水经压滤设备压滤处理,分离出粉饼及压滤水,粉饼干化处理用于临时建筑和维护施工便道;经过三级沉淀池的压滤水再通过四级、五级沉淀池,生产可用水循环。污水废渣综合利用系统,不仅解决了工地剩余或不达标混凝土的污染问题,节约了建筑资源和水资源,而且产生的清水用于场地降尘和场区绿化灌溉,节约了降尘费用和绿化灌溉费用。

(1)设备安装

砂石分离机安装要求地基稳定,设备安装可靠,以保证机械正常运转。砂石分离机的工作平台应高于地面高程,以便废渣混凝土输送进机,处理后的砂、石运送至存放处。

离心机安装要求主机应安装在坚固、防震和水平的台面上;离心机附近无较强振源。离心机四周避免热源,避免阳光直接照射;离心机周围留有一定空间,保持通风良好。工作环境温度在 15～30℃,相对湿度≤80%。

气浮澄清一体机安装要求地基夯实,架空安装,但基础必须能承担设备运行时的重量。设备就位后需调整水平。设备需设清洗用下水道,可挖明渠,也可直接采用管道接至调节池,以便冲洗气浮池的水排出去污水进口与反应池之间的连接管道。要求管道越短越好,以免絮凝体在管道中被破坏。

第6章 绿色施工技术创新

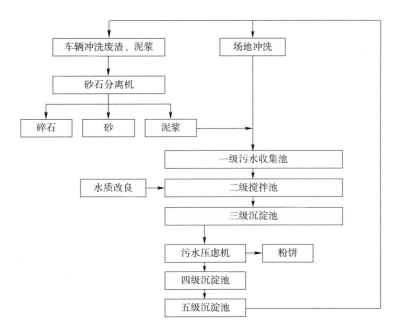

图6-16 系统工艺流程图

(2) 排水系统布置

在拌和站选址阶段,提前规划雨水污水排放系统,沿拌和站围墙外侧设置环形集水沟,将场地内污水和场地外污水严格隔离,形成独立循环系统;场地内规划设计按照中间高、四周低的原则,设场地环形集水沟,场地内集水沟与收集池相连,进入废水废渣自动分离回收系统。雨天关闭收集池闸门,防止场地内雨水流入系统,同时开启雨水井附近闸门,将场地内雨水排入场外雨水井。为减少拌和站汇水面积,料仓顶棚排水直接排至围墙外侧,进入雨水系统。坚持雨污分离理念,设置独立的水循环系统,杜绝雨水和污水的交叉污染。

(3) 砂石分离

砂石分离机主要由五级沉淀池内的抽出水清洗装置、清洗槽输送装置和废水废渣处理装置等部分组成。混凝土运输车停靠到指定位置后,由五级沉淀池内的清水向混凝土运输车罐体加水,通过混凝土运输车罐体旋转,将罐体内的废水废渣充分清洗掉。罐体内的废水废渣排入分离主机导料槽,在高压水流冲击下,经滑槽进入砂石分离机,在砂石分离机内螺旋片不断旋转作用下,经内部筛网对砂、石子进行分离,分离后的砂、石在导料叶片的作用下背向流动,在通过提升式出料口排出砂石分离机。砂石经清洗按粒径规格分别堆放,分离后的砂石料可回收用于临建工程。分离后的水泥浆流入收集池,整个砂石分离工作完成。

(4) 泥水分离

砂石分离机分离后的水泥浆进入一级沉淀池内,经沉淀后,残留砂石等大颗粒物下沉,浑浊污水挟裹较小的颗粒物流入二级沉淀池。水泥浆被强制吸入离心机内进行处理。离心机是一种固液分离设备,当含有细小颗粒的悬浮液静置不动时,由于重力场的作用使得悬浮的颗粒逐渐下沉,粒子越重,下沉越快;反之,密度比液体小的粒子就会上浮。微粒在重力场下移动的速度不仅与微粒的大小、形态和密度有关,而且与重力场的强度及液体的黏度有关。分离出泥渣和不清澈的水后,泥渣可用于临建工程,不清澈的水经过气浮澄清一体机处理,处理后变成清水,可用作循环水及场内降尘水(图6-17)。气浮澄清一体机通过一定的压力(0.35~0.45MPa),使适量空气与部分回流水在溶气罐内形成饱和的溶气载体,经释放器骤然减压而获得大量微细气泡,迅速黏附于经混凝土反应的絮体上,形成絮体密度小于水的状态,而浮于水面,从而实现固液分离。

图6-17 处理后的清水用于清洗车辆

(5) 其他注意事项

①经搅拌后仍会有部分浆料沉淀,随时间增长会严重影响设备寿命,应定期安排人员清理水池底部沉淀浆料。

②搅拌池中的水位低于搅拌器叶片时,严禁启动搅拌器,否则将造成搅拌器轴弯曲、搅拌器减速机损坏;应及时向搅拌池中补水。

③在回收水池周围的池壁上安装护栏,防止人员和异物进入回收池中。

④严禁人员在水管上面行走,防止管道损坏。

⑤定期进行用电线路和浆水管线进行检修,预防雨天生产出现漏电现象。

⑥沉淀池壁必须进行抗渗处理。浆水属于碱性,如不进行抗渗处理,碱水外渗会污染周围环境。

⑦搅拌车停靠进行清洗时放料口必须对准回收料斗,不得随便排放。

⑧回收的砂石及时运至料场,有序堆放。

⑨分离设备与室外要隔音封闭,降低分离时的噪声,避免影响其他区域。

3) 实施效果评价

按照拌和站常规清理办法,收集池每周至少清理4次,按每次1500元计算(挖掘机、装载机、渣土车租赁以及人工费用),每月废渣清理费用约24000元;每日搅拌设备、混凝土运输车冲洗和场内降尘冲洗等用水约110t,每吨按2.5元计算,每月水费约8250元。砂石分离机每天可分离砂约8t、碎石约3t,分离的砂石料可用于临建工程,每天可节约砂石料购置成本750元左右,每月节约22500元。采用废水废渣自动分离回收工艺省去了清理费、水费、砂石料购置费,每月可节约成本54750元。

采用废水废渣自动分离回收工艺每月仅需支出8400元。其中,砂石分离机、离心机、气浮澄清一体机每天用电量150kW·h,每月按1.2元计算,每月消耗电费月5400元;每月人工及设备维修成本为3000元。

因此,废水废渣自动分离回收工艺每月可节约4.635万元。该系统的设备购置费为34万元(其中,砂石分离机10.5万元,离心机17.5万元,气浮澄清一体机6万元),8个月就可以收回设备购置成本。

6.2.2 粉尘和噪声控制

有效的粉尘和噪声控制是环保型混凝土拌和站的重要标志之一。不仅要从噪声和粉尘产生源头上加以控制,将拌和施工过程中产生的噪声和粉尘降到最低,同时还应尽可能对所收集的粉尘进行利用处理。具体的粉尘和噪声控制措施包括:

(1)拌和站采用封闭式集料仓

搅拌站设置远离居民区,最小距离在500m以上,噪声干扰降低到最低程度。墙体采用混凝土墙,使集料卸料时的粉尘不能排到周边环境中,同时,有效降低工程车辆的噪声污染。主机的封装材料采用隔音板,封闭式集料仓(图6-18)采用混凝土墙和彩钢瓦进行隔音等。采用环保型强制式搅拌机和新型传动系统:新型环保搅拌主机可有效减低噪声;新型传动系统采用高速端同步,同步时作用力小,运行平稳、噪声小。

图6-18 全封闭式集料仓

(2)安装喷水喷淋

增加加压泵,改善喷嘴结构,投水由传统的水柱式改善为水幕形式,加大了投水时的覆盖面积,控制主机投料时产生的粉尘。料仓及围挡采用喷淋设施,控制扬尘:根据拌和站实地情况,按照要求配备装有若干喷嘴,通过水雾颗粒强大的吸附能力迅速吸附灰尘,形成快速降尘,防止灰尘的扩散。采用不锈钢喷头直接喷雾,单个喷头喷雾直径为 4m(采用 316 号不锈钢),供水采用变频供水设备,可实现 24h 无人管理自动作业。

另外,在拌和站容易引起尘埃的堆场安装环保除尘雾炮机喷水除尘(图 6-19)。因喷出的雾粒细小,与飘起的尘埃接触时会形成一种潮湿雾状体,能快速降尘。

(3)优化投料工艺

对砂、石、水泥和水等物料的投料时序进行优化,同时采用交叉投料方式进行,原材料的主体投放顺序为细集料、水泥、矿物场合料、外加剂、水、粗集料,如此

图 6-19　雾炮机降尘

可有效降低粉尘排放浓度。

(4)覆盖

原材料运输过程中,对车身进行覆盖(图 6-20),减少漏料和扬尘;对料仓内的集料进行覆盖(图 6-21),减少扬尘和二次污染。

图 6-20　运输车辆覆盖

图 6-21　集料覆盖

(5)清理清洗

采用吸尘车对地面粉尘进行清理。每天 7:00 开始在拌和站及门口道路进行清扫。吸尘车吸尘范围广、吸净率高、吸口无二次扬尘、出风口无粉尘排放、工作效率高,可有效减少粉尘污染,提高空气质量,降低空气中可吸入颗粒物的含量。

每个粉料罐顶部安装 1 台脉冲式除尘器(图 6-22)。引风机把含尘气体从进

气口引入中壳体内,干净的气体透过滤袋由文氏管进入上壳体,由净气出口排出,粉尘被阻留在滤袋外壁。随着时间的推移,吸附在滤袋上的粉尘越来越厚,滤袋阻力越来越大,达到一定阻力时,脉冲控制仪发出信号,程序自动控制各脉冲阀的开关,使高压气源经喷吹孔、文氏管向滤袋内喷射;由于高压气的作用,使滤袋发生急剧膨胀而引起冲击振动,使吸附在滤袋表面的粉尘抖落在灰斗里由输灰机构排出。同时,安排洒水车对料仓、场地及与社会道路交叉位置洒水(图6-23),减少扬尘。安装洗轮机,对进出车辆进行实时冲洗,有效降低粉尘浓度。

图6-22 除尘器安装效果图

图6-23 场内道路洒水

(6)主要运输道路铺设可回收沥青混凝土

沥青混凝土路面扬尘少、维修方便,使用完成后可废料可回收并用于地方较低等级道路的建设及路面铺装,同时沥青混凝土路面整体一次性铺设(图6-24),平整度、路面坡度易控制,使用过程中便于维修保养,大幅度提升了混凝土拌和站标准化建设标准。

图6-24 沥青混凝土摊铺

(7)粉尘回收利用

搅拌主机及粉尘称量系统的收尘,用单独的脉冲反吹布袋式收尘机处理。收集的粉尘直接送入搅拌机,以回收利用。通过高效的脉冲反吹布袋式收尘设备集中收集粉罐车向筒仓打料时泄漏的粉料,防止污染空气;与传统的筒仓顶收尘装置相比,其收尘效率高、可靠性高、易于维护保养。收集的粉料可通过风送的方式再回吹到水泥筒仓,或用螺旋机直接输送到粉料秤中加以利用,既解决了收尘问题,又使回收的粉尘实现了有效利用,具有较高的经济效益。

国内混凝土已发展到一个关键阶段,向绿色环保方向转型是必然选择,以节能、降耗、减排、环保为目标,依靠技术与管理手段,在混凝土的生产、运输(含原材料)及使用的过程中实现污染排放最小化和资源有效利用最大化的生产方式。随着现代科技的发展,对工程质量要求越来越高,环保型混凝土搅拌站(楼)具有加快施工进度、减少环境污染、提高工程质量和节约材料成本等优点,是实现建筑工业化的重要手段之一。环保型混凝土搅拌站(楼)具有环境友好、节约资源、外观与内部环保性能好的特点。

环保型混凝土搅拌站(楼)实现工厂式全封装,从外观上看,为一个全封闭的现代化工厂,无扬尘排放、无噪声污染;废水、废料循环使用,无废水、废渣排放;造型美观、大气,与周边环境相协调;规划合理,厂区绿化率高;与普通搅拌站相比,真正做到了环境友好,在环保性能方面有质的飞跃。

6.3　明挖隧道临时弃土水土流失防治

京雄城际铁路线路所属地区位于华北平原北缘,北部为山前冲洪积平原,南部为冲积平原,地形平坦开阔,地面高程7~48m,地势由西北向东南缓倾。拟建工程场地内及线路两侧大部分辟为耕地,局部段落穿越村庄。沿线地表水主要为河水、渠水,局部地段有坑塘积水。沿途经过河流属于海河水系,其主要河流有天堂河等。区间河流河床开阔,岸坡有防护,河水流速较慢,两岸地势平坦。河流多受人工调控影响,河水流量基本稳定,雨季稍有增加。根据全国第一次水利普查和沿线各地的水土流失调查报告、水土保持规划等资料,工程沿线水土流失侵蚀类型为微度水力侵蚀,永定河泛区为风力和水力混合侵蚀。沿线地区地势平坦,植被繁茂,原生地貌水土流失量较小;从水土流失成因上看,沿线以水蚀为主;从土壤侵蚀强度上看,沿线强度不一,主要以微度侵蚀为主,分布在沿线平原地区;人为水土流失面积虽然较小,但其侵蚀类型多,侵蚀强度大。在人为侵蚀中,修建道路造成的水土流失以强度侵蚀为主;耕地侵蚀以微度和轻度水力侵蚀为主。

工程施工结束后,建筑物、道路硬化,裸露地表植被恢复,各项水土保持措施均发挥功能后水土流失量将大大减少。因此,平原地区的明挖隧道临时弃土水土流失防治措施的重点时段是在工程建设期。

京雄城际铁路机场2号隧道采用明挖施工工艺,隧道回填土临时堆放在隧道施工沿线呈带状布置;隧道施工期间大规模的开挖取土、回填劳动及弃土堆垫改变了原地形,为水土流失创造了条件;全线基坑开挖土方约400万 m^3、基坑回填利用约265万 m^3,弃方约135万 m^3。根据京雄城际铁路总体施工组织安排,本段隧道考虑回填后共有125万 m^3,全部用作站场填方。施工弃土应尽快运到指定的排放场,避免乱取乱弃,破坏自然环境。运输弃土车辆不宜装得过满,应加盖篷布,且应对车体进行冲洗,做到文明施工。

6.3.1 水土流失成因与危害分析

1) 水土流失成因分析

工程建设过程中的水土流失主要发生在隧道的开挖、回填、弃土等活动。工程建设扰动原地表,损坏原地表土壤、植被,致使地表抗蚀能力降低,造成新的水土流失。铁路工程建设过程中,由于弃土和隧道明挖等施工活动,损坏和占压植被,造成水土保持设施的破坏,使原地貌、植被抗侵蚀力降低或消失,土壤侵蚀量剧增。影响项目区水土流失的主要因素如下。

侵蚀外营力:项目区土壤侵蚀主要外营力为水力,永定河泛区外营力为风力、水力。

抗侵蚀力:抗侵蚀力主要包括地形地貌、地面物质组成及结构、植被类型、结构和覆盖度。在无人为干扰的情况下,其抗侵蚀力基本保持不变。在铁路的修建过程中,由于地表物质、地形地貌、地表植被等遭受人为破坏和干扰,与原地貌及其组成物质相比,土壤结构松散,地表植被大面积减少或完全消失,抗侵蚀力减弱,加剧了土壤侵蚀。铁路工程建设水土流失影响因素分析见表6-3。

铁路工程建设水土流失影响因素分析表 表6-3

区域		影响因素				主要水土流失类型
		人为因素	自然因素			
			植被类型	结构形式	外营力	
隧道区	隧道	隧道开挖及临时堆土,形成裸露土质边坡,极易造成水土流失		较松散	降雨	水力、风力侵蚀
弃土场区	弃土场	弃土松散堆砌、结构松散、地表无覆盖物,遇暴雨极易产生严重的水土流失	疏林地、其他草地	松散	降雨	水力侵蚀

续上表

区　　域		影 响 因 素				主要水土流失类型
		人为因素	自然因素			
			植被类型	结构形式	外营力	
施工便道区	施工便道	机械车辆频繁碾压,损坏地表植被等	耕地、草地	较松散	降雨	水力、风力侵蚀
施工生产生活区	大临设施	压占破坏原地貌及自然植被,降低原有水土保持功能	耕地、林地	较松散	降雨	水力、风力侵蚀

2) 水土流失危害分析

(1) 剧烈扰动地表,加剧区域水土流失

工程在施工修建过程中,开挖土方破坏原有植被与土壤结构,导致原有地貌裸露,还可能在较短时间内形成高于或低于地面的边坡,以及倒运土方的临时堆土边坡。大规模的建设扰动原生地表,损坏水土保持设施,如不采取任何防护措施将加重沿线水土流失,在大风或雨季会导致新增水土流失,影响周边环境质量。

(2) 大量弃土,扩大泥沙流失来源

隧道施工产生临时渣土约 400 m^3,如不妥善安置工程弃土,渣土散落于沟间和河道上游,在盛行的大风和突发性暴雨等外营力作用下,水土流失将成倍增加。

(3) 泥沙淤积河道,影响行洪

铁路建设,跨越河沟时,由于大面积的边坡开挖施工,土石方量较大,大量的弃渣需要外运,如不及时防护和妥善处理,将不可避免地被乱堆乱弃,经水力搬运后大量汇入河沟,抬高河床,阻塞河道,增加淤积泥砂,降低河道的行洪、排洪能力。

(4) 引起土地退化,降低生态环境质量

工程建设过程中,由于机械碾压、土石压占和地表植被剥离,改变了原土体结构,地表裸露,抗侵蚀能力降低,一些含有丰富有机质的表层土易被侵蚀,降低土壤肥力。施工中土石方开挖、填筑、碾压、弃土等活动,造成对原地表的水土保持设施的损害,而植被的损坏,使其截留降雨、含蓄水分、滞缓径流、固土拦泥的作用降低,造成水土保持功能下降,加剧水土流失,导致生态环境质量和水土保持功能极大减弱。

6.3.2 临时存土场规划布置

在工程选线过程中,为了节约和减少破坏土地资源,土石方最大限度地"移挖作填",以减少临时用地。在满足工程经济合理性等要求的同时,也要满足水土保持的要求,将隧道开挖临时弃土转运至站场填方使用,实现土方调配平衡。在施工组织设计时,优先考虑"永临结合",尽量利用既有场地或站区范围内的永久征地,减少新占地。

工程建设过程中尽量做到挖填平衡,施工过程中应随挖、随填、随运、随夯,尽量缩短施工周期,同时避免倒运或二次占压;合理安排施工时间,尽量避开雨季和汛期。复垦、植被恢复,在土石方工程基本完成后及时进行。根据隧道施工开挖及回填量,结合征地情况,本项目沿线布置5处临时存土场地,占地约800亩(图6-25)。

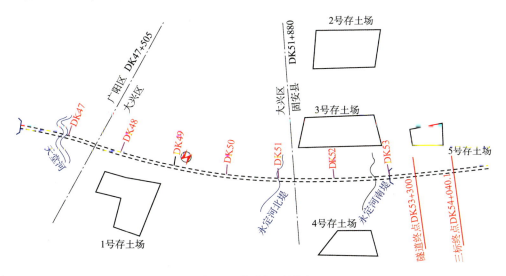

图 6-25 临时存土场分布

6.3.3 临时弃土堆放

1) 清基清表土堆放

为了有效保护地表熟土资源,施工前对基础施工区域可利用的表土进行表土剥离,剥离厚度为30cm。表土剥离采用推土机进行作业,施工时应避开大风天气,剥离的表土堆放在新增临时占地范围内,与回填土分开堆放,后期用于覆土绿化。考虑隧道明挖工程施工进度,表层土从剥离至利用的临时堆置期间须采取措施进行临时防护。表土临时防护应采用临时苫盖的方式(图6-26)。

图 6-26 表土临时堆置

2）基坑开挖土堆放

明挖段回填土方共计 400 万 m^3，堆放于线路开挖面两侧 30m 范围内，平均堆渣高度约为 8.0m。隧道开挖土临时堆放在隧道两侧，临时堆放期间需用密目网进行苫盖。堆置边坡比控制在 1:1.25 以内，分层堆砌，堆高每 6m 设置 2m 宽平台。土堆外侧边坡采取草袋挡护坡脚的临时防护措施，临时挡土墙断面形式为高×顶宽×底宽 =1.5m×1.0m×2m 的梯形断面，堆砌时应相互咬合、搭接，搭接长度不小于草袋长度的 1/3。对明挖隧道围挡范围内的建筑垃圾、渣土进行全面排查，及时清运出场。对于暂时无法清运的渣土，以及围挡范围内裸露的黄土，采用绿色密目网进行覆盖，以减少裸土扬尘。现场密目网覆盖时要拉直、平铺、整齐，两块网之间至少搭接 10cm。密目网采用绳结固定好，防止大风天气被吹散，确保密目网无死角覆盖（图 6-27）。

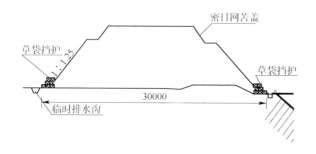

图 6-27 基坑开挖土存放（尺寸单位：mm）

3）临时截排水

在明挖坡面和坡底临时堆土一侧坡脚处及表土堆放场地四周布设临时排水沟（图 6-28）及顺接工程，采用梯形断面，底宽 40cm，深 40cm，边坡 1:0.5，只开挖不衬砌，排水沟边坡需拍实。

第6章 绿色施工技术创新

图6-28 临时排水沟施作

4）施工现场防治措施

隧道基坑开挖过程中，由于机械设备多，现场运转频率高，易产生灰尘。为确保基坑开挖及土方装车外运过程中无扬尘，在开挖过程中，施工现场配备洒水设备，辅以持续洒水或喷淋措施。本项目北京段每个工作面配置一台高压雾炮机，施工过程中，及时开启雾炮机，保证隧道基坑湿法开挖，施工便道硬化，确保施工现场无扬尘（图6-29）。

图6-29 基坑开挖过程高压雾炮机抑尘及施工便道硬化

土方采用自卸汽车外运，按要求装车后，进行篷布全覆盖，确保运输过程中，不洒、不漏，进出工地自动冲洗。运至弃土场后，缓慢倾倒，并及时打堆，用密目网覆盖。

渣土运输车使用"六统一"，即统一颜色、统一全密闭运输、统一安装标明名称的顶灯标识、统一在车厢两侧栏板喷印车辆核定载质量、统一在车厢尾部栏板喷印专用标识牌、统一安装GPS卫星定位系统。严格执行"三不进、两不出"规定，即无准运许可证的车辆不许进入施工工地，密闭装置破损的车辆不许进入施工工地，排放不达标的车辆不许进入施工工地，超量装载的车辆不许驶出施工工地，遮挡污损号牌、车身不洁、车轮带泥的车辆不许驶出施工工地。

自卸车篷布覆盖及出入车辆冲洗如图 6-30 所示。

图 6-30　自卸车篷布覆盖及出入车辆冲洗

本地冬季气候干燥,且土质多为粉质黏土及粉土,容易产生扬尘,施工过程中,不定时进行洒水降尘。机场 2 号隧道北京段施工,拟配备 2 台洒水车,每2km 左右配置一台,确保每 2h 进行一次洒水作业(雨雪天除外)。洒水车在便道上行驶过程中,车速不超过20km/h,确保行车安全(图 6-31)。并对驾驶人员进行不定期岗前教育。对工地出口两侧各100m 路面实行"三包"(包干净、包秩序、包美化),专人进行冲洗保洁,确保"扬尘不出院、路面不见土、车辆不带泥、周边不起尘"。

图 6-31　施工现场及道路洒水降尘

在施工现场设置围挡,围挡设置牢固、严密,表面应平整和清洁,高度不得低于2.5m,确保行人无法轻易翻越,做到100%围挡,并设置宣传栏(图6-32)。

图 6-32　施工现场围挡及宣传标语

第6章 绿色施工技术创新

6.3.4 临时弃土水土保持监测

水土保持是指对水土流失发生、发展、危害及水土保持效益进行长期的调查、观测和分析工作。通过现场水土保持监测,可摸清水土流失类型、危害及其影响情况、发生发展规律、动态变化趋势,对于水土流失综合治理和生态环境建设宏观决策,以及科学、合理、系统地布设水土保持各项措施具有重要意义。

水土保持监测是从保护水土资源和维护良好的生态环境出发,运用多种手段和方法,对水土流失的成因、数量、强度、影响范围及其水土保持工程效果等进行动态观测和分析。监测目的主要包括:及时、准确掌握生产建设项目水土流失状况和防治效果;落实水土保持方案,加强水土保持设计和施工管理,优化水土流失防治措施,协调水土保持工程与主体工程建设进度;及时发现重大水土流失危害隐患,提出防治对策建议;提供水土保持监督管理技术依据和公众监督基础信息。

根据主体工程的线路布局及铁路的施工工艺,结合水土流失防治责任范围,在实地调研查勘及分析工程设计资料的基础上,分析工程建设占地、破坏原地貌、植被和水土保持设施的数量,分析土石方的来源与分布情况,估算弃土方量;在调查分析原地貌和建设扰动土地水土流失的基础上预测新增水土流失量;从各方面综合分析评价防治责任范围内的水土流失程度、强度、危害及其对周围区域的影响,为合理布设水土保持防治措施,制订水土保持监测方案提供依据。

1)监测内容

按照《生产建设项目水土保持监测规程(试行)》的要求,结合本项目的建设特点,本工程监测内容主要包括扰动土地情况监测、水土流失情况监测、水土保持措施防治效果监测、施工准备前的土壤侵蚀的背景值监测和施工过程中的重大水土流失事件监测等。下面主要介绍前三个监测内容。

(1)扰动土地情况监测

监测内容包括:扰动范围、面积、土地利用类型及其变化情况等。扰动类型包括点型扰动和线型扰动。本项目属于线型扰动。

(2)水土流失情况监测

水土流失情况监测内容主要包括土壤流失面积、土壤流失量、弃土(石、渣)潜在土壤流失量和水土流失危害等。

①土壤流失量是指输出项目建设区的土、石、沙数量。

②弃土(石、渣)潜在土壤流失量是指项目建设区内未实施防护措施,或者未按水土保持方案实施且未履行变更手续的弃土(石、渣)数量。

③水土流失危害是指项目建设引起的基础设施和民用设施的损毁,水库淤积、

河道阻塞、滑坡、泥石流等危害。

(3) 水土保持措施防治效果监测

应对工程措施、植物措施和临时措施进行全面监测。监测内容包括措施类型、开(完)工日期、位置、规格、尺寸、数量、林草覆盖度(郁闭度)、防治效果、运行状况等。

2) 监测方法

对水土保持监测方法的掌握,有利于水土保持监测工作的顺利进行。目前水土保持监测方法主要有无人机监测、调查监测、地面监测等。

(1) 无人机监测

利用无人机遥测系统拍摄项目区的影像数据及地形数据,结合无人机的数据处理软件,可以连续监测施工过程中地面扰动情况,计算工程填(挖)方量、弃土弃渣量、水土流失量等各项指标。使用无人机进行监测,具有影像实时传输、高危地区探测、高分辨率、机动灵活等优点。无人机监测能在宏观上把握工程的总体情况,同时对已建立的解译标志进行校核,提高遥感监测的准确度,是遥感监测与常规监测方法的有力补充。

利用遥感影像处理软件对影像进行拼接、纠正、调色等处理;通过野外调查,建立解译标志;依据解译标志针对影像提取植被覆盖度及土地利用信息;利用 GIS 坡度分析功能,从 DEM 数据空间分析获取坡度信息。

(2) 调查监测

通过询问、收集资料、典型调查、重点调查和抽样调查等方法,对相关的自然、社会和经济条件,水土流失及其防治措施、效果,水土保持项目管理、执法监督等情况进行全面了解,掌握有关资料,力求真实客观地反映水土保持状况,为动态监测服务。

(3) 地面观测

主要适用于临时弃土场等分散堆积场地及边坡。布设样地规格为 $2m \times 2m$。在每个选取的小区坡面打入监测钎,以测定土壤侵蚀厚度。监测钎长 30~50cm,监测钎顺坡长边每 1m 一排,数量根据小区实际情况确定。监测钎铅直打入,地面外保留 10~15cm,涂上油漆后编号登记上册。坡面面积较大时,监测钎应适当加密。定期监测监测钎露出地面的高度,并加以记录,用后一次测量结果减去前一次测量结果,得出差值,采用算术平均法计算监测钎的平均出露高度,再乘以小区面积,即得出侵蚀量,再乘以土(岩体)密度计算每平方米水平面积侵蚀量。新堆放的土堆应考虑沉降带来的影响,可在平坦地段进行对照观测,或应用沉降率计算沉降高度。

水土流失监测点如图 6-33 所示。

图 6-33　水土流失监测点

3）监测点位与简易径流小区

根据扰动地形、地面物质组成，在各监测区中，选择具有代表性的地段或场地，布设临时定位监测点实施监测。全线共设 2 处定点监测点位与 1 处简易径流小区（图 6-34），用于监测水土流失因子及水土流失状况。

图 6-34　简易径流小区

通过对简易径流小区及水土保持监测点的观测与巡查，隧道区域的土壤侵蚀模数为 550t/(km^2·a)，土壤流失量为 459.74t。

4）监测频次

项目区水蚀监测主要安排在雨季进行。根据本工程特点，在工程施工前对项目区进行一次全面调查，摸清项目建设前区域内影响水土流失因子的基本情况和水土流失状况。施工前对原地貌的土壤流失量和植被覆盖率进行一次全面调查。正在实施的水土保持措施根据建设情况至少每 10d 监测记录一次；扰动地表面积、水土保持工程措施拦挡效果等至少每 1 个月监测记录一次；主体工程建设进度、水土流失因子、水土保持植物措施生长情况等至少每 3 个月监测记录一次；遇暴雨、大风等情况应及时加测；水土流失灾害事件发生后 1 周内完成监测。在施工前、施工中期和完工后应全面调查一次。

高速铁路建设中的临时性工程用地具有临时性、损毁严重性、规模大和可再利用性的特点,在建设完工后必须对临时渣土进行处理,切实避免对土地资源的浪费,提高土地利用率,有效保护土地生产力。根据高速铁路明挖隧道施工临时用地规模大、损毁严重、利用方向不同的实际情况,需要结合不同的处理技术,确保临时渣土的水土保持达到相关法律要求,确保绿色环保。

实施绿色施工,应依据因地制宜的原则,贯彻执行国家、行业和地方相关的技术经济政策。绿色施工应是可持续发展理念在工程施工中全面应用的体现,绿色施工并不仅仅是指在工程施工中实施封闭施工,没有尘土飞扬,没有噪声扰民,在工地四周栽花、种草,实施定时洒水等内容,它还涉及可持续发展的各个方面,如生态与环境保护、资源与能源利用、社会与经济的发展等。

第7章 未来展望

目前,我国正处于城镇化加速发展的时期,部分地区"城市病"日益严峻。为解决城市发展难题,实现城市可持续发展,建设智慧城市已成为当今世界城市发展不可逆转的历史潮流。超大、长里程明挖隧道可以将地铁、城铁、公路、城市管廊等分层集成,并能有效利用先进的信息技术,实现城市智慧式管理和运行,因此必将在未来的智慧城市建设中发挥越来越重要的作用。

7.1 超大型明挖隧道集成与创新

7.1.1 功能与结构高度集成

城市地下空间是一个十分巨大而丰富的"空间资源"。一个城市可发展利用的地下空间资源量一般是城市总面积乘以开发深度的40%。我国城市的各种管线"各自为政、冲突不断",地下空间开发受到制约。在我国城镇化建设与城市总体规划中,地下空间的开发利用将由原来的"单点建设、单一功能、单独运转",转化为现在的"统一规划、多功能集成、规模化建设"的新模式。即未来一个通道上将由高铁、地铁、公路、管廊等多个层级结构集成,形成保障城市运行的重要基础设施和"生命线"。

随着地下空间开发与地下管廊工程的建设推进,未来新城建设时必将统筹规划,将城际高铁、地铁等多种结构集中分层布设在一个超级大断面的通道上。因此,未来的隧道工程将面临空前复杂的地质条件和施工环境,呈现长洞线、大埋深和大断面的发展趋势,而超级大断面类型的通道将只能采取明挖法施工。未来超长大断面明挖隧道将从结构上实现以下功能:

(1)地铁工程的持续发展

我国城市地铁建设已经从一线城市延伸至二、三线城市。现已规划发展城市轨道交通的城市总数已经超过54个,全部规划线路超过400条,总里程超过15000km。在城镇化发展的大背景下,地铁工程将作为超长大断面明挖隧道的一类层级结构。

(2)城市铁路地下化

目前,高速铁路远离城市中心,给人民出行带来了不便,但城际铁路正在兴起,城市铁路地下化将给隧道及地下工程带来机遇与挑战,并被逐步集成到与地铁一致的通道上,实现换乘和出行的便利。

(3)城市公路地下化

人性化的城市发展,居住、就业、休闲区域一体的统筹,适合人居环境要求,城市地下公路将能解决很多"城市病"问题,必将有广阔的发展前景。

(4)城市排蓄水工程

城市规模快速扩张,致使原有的排水和净化能力不能满足要求,城市内涝频发,老城区溢流污染严重。在现代城市建设排水系统,必须尽量避免引起占道、拆迁等问题,需要推广深层隧道排水系统。

(5)城市地下管廊

在超长大断面明挖隧道空间内,将电力、通信、燃气、供热等各种工程管线集于一体,设有专门的检修口、吊装口和监测系统,实施统一规划、统一设计、统一建设和管理。

7.1.2 技术发展与创新

隧道埋深大、里程长、修建难度大是目前及今后较长时期隧道及地下工程建设普遍面临的问题,有众多的新难题需要攻克。为适应隧道工程的长大深发展趋势,尤其建设超大断面尺寸隧道,将面临空前严峻的技术挑战,在设计、施工和运营等方面需要采用诸多的创新技术与实践来克服各类技术难题。

(1)勘察设计方法与理念创新

隧道勘测将向精细化和大数据方向发展,逐步借助遥感技术、北斗卫星定位系统等,结合多点高频物探、高速地质钻机以及水位地质资料信息进行大数据分析,形成"天、地、空"三位一体化大数据分析平台,提高勘测的精度和效率。

隧道传统设计方法主要侧重结构的安全,在围岩荷载、水压力取值及岩体破坏机理方面缺乏突破性进展。针对复杂环境条件下的超大断面明挖隧道工程,亟须建立考虑结构耐久性的全寿命周期设计方法,将空间三维结构、物料特性、工艺设计与全寿命周期管理融于一体,实现高应力和高渗压作用下超大断面明挖隧道结构的定量设计。超大明挖隧道设计还需要更多考虑超高水压条件下结构的防排水和防腐寿命,研究强渗流和施工扰动双重作用下衬砌结构的动态演化破坏机理,并着重研究地震、火灾等对超大断面、长线隧道结构设计的影响,突破现有隧道设计理念。

(2)施工技术与装备创新

需充分利用机械系统信息技术,突破大型装备施工自动化、多样化、高适应性及智能化发展的技术难题。

(3) 运营监测与安全管理创新

目前,在投资上存在重建设期、轻运营期的现象,且较少涉及运营期的管理、维护等问题,如防排水系统维护更换、运营期突涌水等。未来应加强对超大断面隧道施工与运营的安全管理,衬砌结构健康监测与控制研究,利用无线智慧感知及可视化技术,研发隧道结构健康快速检测车,确保发生火灾时的预警救援与应急逃生等,实现隧道工程运营管理的精细化、信息化和智能化。同时以点覆盖的方式,在地下核心区域部署5G网络,打造与外界交流"岛屿",实现地上、地下网络信号全覆盖,以解决沟通难题,应对突发事件。

(4) 新材料应用与创新

以防排水材料、衬砌混凝土材料及反光材料为主要对象,开发耐腐蚀和耐疲劳等超高性能的混凝土材料,以适应复杂地层和深部地层的特殊地质环境和运营要求。

(5) 标准制定

未来充分考虑全寿命的使用性能和要求,制定与超长大断面明挖隧道设计和建造阶段相对应的标准和规范。

7.2 智慧建造平台

智慧建造平台运用信息和通信技术手段,感测、分析、整合结构和构件系统的各项关键信息,从而对包括钢筋加工、混凝土浇筑、构件存储与吊运、构件安装、人料机管理等活动在内的各种需求做出智能响应。智慧建造平台架构如图7-1所示。

(1) 构件的信息集成

建立桥涵预制构件信息库和编码,实现桥涵预制构件物联网管理系统,具体包括构件二维码信息标签建档、Web端标签打印、App应用系统开发、桥涵构件出厂、入库、出库、安装各节段的扫码管理等,最终实现构件的数字化管理,形成可追溯管理体系。同时采用5G+智慧图纸技术:智慧图纸在5G支持下,信号覆盖更广泛,传输速度更快,避免施工方案更新不及时带来的风险。

实现5G+AI便携巡检系统,与人员实名制系统联通,佩戴AI眼镜随时随地识别现场人员,即时核查合规性,获取姓名、工种等基本信息,实现施工现场人员灵活调配。在5G技术加持下,全过程数据信息可在多端操作平台实时同步"0"延迟,有效降低移动端研发成本和推广门槛,为培养产业工人助力。

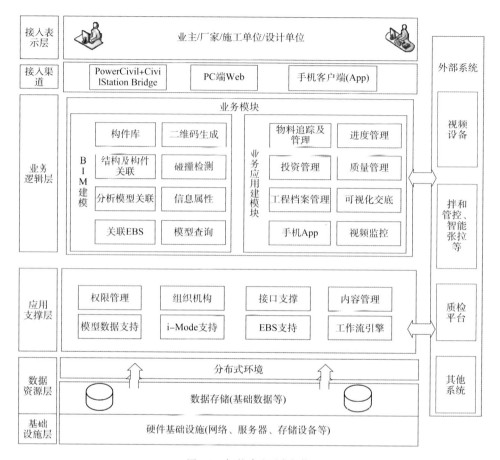

图 7-1 智慧建造平台架构

（2）结构的信息集成

建立各装配构件的参数化信息，研究结构几何模型和结构分析模型的一体化设计，并开展装配式桥涵预制构件的关联化和桥涵与整个项目的关联化研究，实现超长大断面明挖隧道的 4D 施工过程模拟，即利用 EBS、进度计划与构件数据模型联动，全方位动态展示超长大断面明挖隧道或其他装配式桥涵随时间变化的施工 BIM 模型。

结构数据模型中与实际工序进行关联，在数据模型中实时动态更新当前正在执行的工序及相关资料。提供基于模型的"防漏错碰"问题分析，对建造全过程进行过程仿真，确定构件的重心位置，对吊装方式安全性进行有效分析，确保结构安全可靠。实现 3D 模型和 3D 设备的仿真、施工过程预演、多方案对比择优、场内物流分析、临时梁段存储区的容量分析。

采用5G作业面监管系统并结合智慧工地AI平台,可自动识别烟火、未佩戴安全帽等危险要素,即时预警;搭载50倍光学可变焦技术,全面查看作业面施工进展情况;5G专属网络覆盖到作业面,以10倍于现有移动网络的传输速率,实现多路超高清视频毫秒级回传。

(3) 智慧建造平台的信息集成

基于信息集成技术、自动化数控装备和学科群交叉完成装配式桥涵预制构件制造平台的总体规划与布置,研发具有自主知识产权的智慧型桥涵装配构件制造中心,主要包括拌和楼智能监控、混凝土自动生产、钢材智能加工与制作、模板自动装拆、构件智能喷淋养生、机器人自动凿毛、智能张拉压浆、构件身份自动识别、智能安全技术交底和制造过程智能视频监控等。

采用5G双360°空间立体实时监控系统,通过摄像头、辅吊人员佩戴的AI眼镜,打造双360°视野,支持读取设备运行数据,数据异常即时预警,限制起吊。摄像头具备夜视功能,支持24h全天候作业,实现工地周界"全方位、立体式、无缝隙"全景监控。利用AI技术,地面与高空监控有效联动,智能识别翻越安全围护、烟火等危险要素,让违规现象无所遁形,全面筑牢工地安全防线。

智慧建造平台是一个5G+AI集成的系统,具有单一数据库、单一模型、共享的业务对象和流程模式,并对所有模块进行统一服务。它具有项目管理、生产管理、供应商管理、文件管理、变更管理、配置管理、生命周期、工作流、单点登录、统一的外观和风格,以及完整的数据可视化功能。同时,智慧建造平台通过5G+AI远程协作系统,实现远程巡检、隐检、预检并留存佐证记录。远程连线专家,实时进行语音、文字、视频交互,同步指导、及时解决施工技术难题。

随着人类社会的不断发展,未来城市将承载越来越多的入口。展望未来,我国明挖隧道及地下工程事业将会有更大的进步及更为广阔的发展空间。利用先进的信息技术,实现超长大断面明挖隧道的智慧制造和管理,进而为城市中的人们创造更美好的生活,促进城市的和谐、可持续发展。

参 考 文 献

[1] 王成.隧道工程[M].北京:人民交通出版社,2009.
[2] 住房和城乡建设部.普通混凝土配合比设计规程:JGJ 55—2011[S].北京:中国建筑工业出版社,2011.
[3] 住房和城乡建设部.地下工程防水技术规范:GB 50108—2008[S].北京:中国计划出版社,2009.
[4] 铁道部.铁路混凝土结构耐久性设计规范:TB 10005—2010[S].北京:中国铁道出版社,2011.
[5] 叶耀东,朱合华,王如路.软土地铁运营隧道病害现状及成因分析[J].地下空间与工程学报,2007,1:157-160.
[6] 贺明侠,王连俊.地下水及地质作用对建筑工程的影响[J].土工基础,2005,19(3):19-22.
[7] 国家铁路局.高速铁路设计规范:TB 10621—2014[S].北京:中国铁道出版社,2015.
[8] 张慧玲.高速铁路客运专线防排水设计[J].铁道标准设计,2010,1:139-141.
[9] 杨其新,刘东民,盛草樱,等.隧道及地下工程喷膜防水技术[J].铁道学报,2002,6(2):83-88.
[10] 中国铁路总公司.铁路工程沉降变形观测与评估技术规程:Q/CR 9230—2016[S].北京:中国铁道出版社,2017.
[11] 住房和城乡建设部.建筑地基检测技术规范:JGJ 340—2015[S].北京:中国铁道出版社,2011.
[12] 周国庆.明挖隧道混凝土施工裂缝控制措施[J] 工程技术(文摘版),2015,(9).
[13] 汪洋,朱万旭,邵炼.某明挖隧道深基坑施工监测与分析[J].特种结构,2015,32(1):55-59.
[14] 赖金星,田冲冲,邱军领,等.明挖隧道深基坑受力与变形的现场测试分析[J].勘察科学技术,2015,4:1-6.
[15] Huo J S,Chen J,Gong Q M,et al. Study on The Deformation of Retaining Structure of Pit-in-pit Excavation[J]. Advanced Materials Research,2011(243-249):

2903-2908.

[16] 杨敏,张俊峰,王瑞祥.坑中坑挡土墙变形内力分析[J].岩土力学,2016,37(11):3270-3274.

[17] 国家铁路局.《铁路隧道设计规范》:TB 10003—2016[S].北京:中国计划出版社,2017.

[18] 郑刚,郭一斌,聂东清,等.大面积基坑多级支护理论与工程应用实践[J].岩土力学,2014,35(S2):290-298.

[19] 郑刚,聂东清,程雪松,等.基坑分级支护的模型试验研究[J].岩土工程学报,2017,39(05):784-794.

[20] Sou Sen Leu T,Shiu-Lin Chang. Digital images processing based approach for tunnel excavationfaces[J]. Automation in Construction,2005,14:750-765.

[21] 李晓军,朱合华,解福奇.地下工程数字化的概念及其初步应用.岩石力学与工程学报,2006,25(10):1975-1980.

[22] 王国辉,马莉,彭宝富.数字化近景摄影测量监测隧道洞室位移新技术的应用.铁道建筑,2005(11):40-41.

[23] 叶英,王梦恕.隧道掌子面地质信息数字编录识别技术研究[J].北京交通大学学报,2007(01):59-62.

[24] 冷彪,仇文革,王刚,等.数字图像处理在隧道工程地质分析中的应用研究[J].铁道标准设计,2013(11):77-81.

[25] 周春霖,朱合华,李晓军.新奥法施工隧道掌子面红外照相及图像处理[J].岩石力学与工程学报,2008(S1):3166-3172.

[26] Lee J S,et al. Installation of Real-time Monitoring System for High-speed Railroad Tunnel[J]. Korean Tunneling Association,2001(3):63-67.

[27] 交通运输部.公路路基路面现场测试规程:JTG 3650—2019[S].北京:人民交通出版社股份有限公司,2020.

[28] 王建秀,朱合华,唐益群.高速公路隧道跟踪监测及承载状况诊断[J].土木工程学报.2005,38(2):110-114.

[29] 中国民用航空局.民用无人驾驶航空器系统驾驶员管理暂行规定(文号:AC-61-FS-2013-20).2013.

[30] 宋战平,史贵林,王军保,等.基于BIM技术的隧道协同管理平台架构研究[J].岩土工程学报,2018(40):17-121.

[31] 张玉斌,王鹏.BIM技术在公路隧道施工中的应用探讨[J].科学技术创新,2018(34):104-106.

[32] 铁路BIM联盟.铁路工程信息模型表达标准:CRBIM1003—2017[S].2017.
[33] 董君,王志赫.高速公路工程建设中对BIM技术的应用实践[J].公路工程,2017,42(04):1-3,20.
[34] 住房和城乡建设部.建筑工程绿色施工评价标准:GB/T 50640—2010[S].北京:中国计划出版社,2011.
[35] 住房和城乡建设部.绿色建筑评价标准:GB/T 50378—2019[S].北京:中国建筑工业出版社,2019.